Impressum
Verlag: BABADADA GmbH, Nedderfeld 112 , 22529 Hamburg
Geschäftsführer / Verlagsleitung: Harald Hof
Druck: Books on Demand GmbH, In de Tarpen 42, 22848 Norderstedt

Imprint
Publisher: BABADADA GmbH, Nedderfeld 112 , 22529 Hamburg, Germany
Managing Director / Publishing direction: Harald Hof
Print: Books on Demand GmbH, In de Tarpen 42, 22848 Norderstedt

baruumsaa
shule

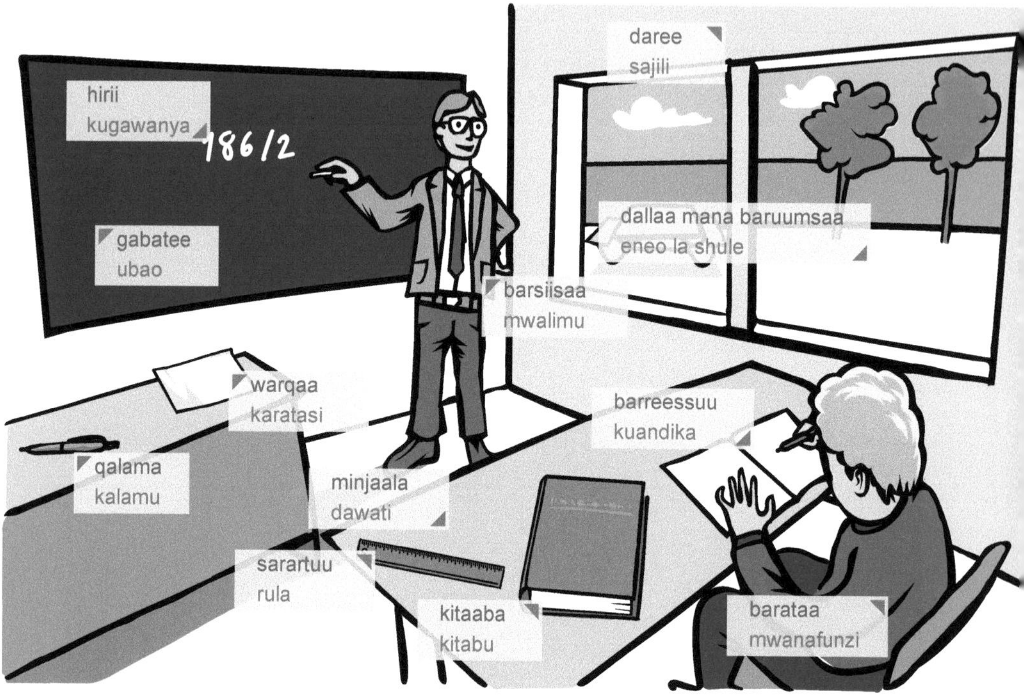

daree
sajili
hirii
kugawanya
186/2
gabatee
ubao
dallaa mana baruumsaa
eneo la shule
barsiisaa
mwalimu
warqaa
karatasi
barreessuu
kuandika
qalama
kalamu
minjaala
dawati
sarartuu
rula
kitaaba
kitabu
barataa
mwanafunzi

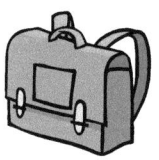

korojoo baattamu

mkoba

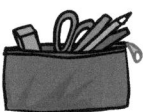

teessoo irsaasii

kikasha cha penseli

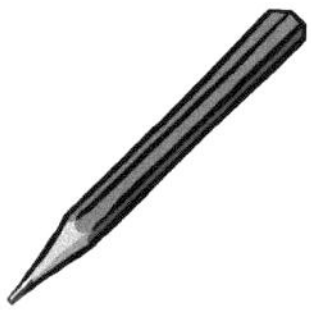

irsaasii

penseli

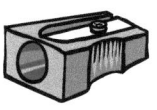

qartuu irsaasii

kichonga penseli

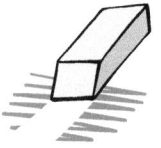

haqxuu

mpira

paadii fakkii

pedi ya kuchora

fakkii
....
uchoraji

burusha halluu
....
brashi ya rangi

saanduqa halluu
....
sanduku la rangi

maqasa
....
mkasi

maxxansituu
....
gundi

daftara
....
daftari

hojii manaa
....
kazi ya nyumbani

12

lakkoofsa
....
nambari

2+2

ida'ii
....
jumlisha

5-2

hir;isi
....
ondoa

2×2

bay;isi
....
zidisha

heerregii
....
kokotoa

A

xalayaa
....
barua

ABCDEFG
HIJKLMN
OPQRSTU
VWXYZ

tarree qubee
....
alfabeti

hello

jecha
....
neno

kitaaba barataa

maandishi

dubbisuu

kusoma

biroonkii

chaki

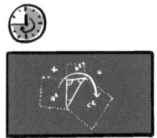

baruumsa

somo

galmeessuu

sajili

qormaata

uchunguzi

raga barreeffamaa

cheti

uffata mana baruumsaa

sare za shule

barnoota

elimu

insaaykiloopeediyaa

elezo

yuunivarstii

chuo kikuu

maaykiroos kooppii

darubini

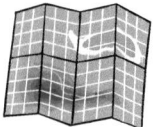

kaartaa

ramani

qircaata gatoo

kikapu cha kuweka karatasi
chafu

imala
usafiri

hoteela
hoteli
Grand
hosteela
hosteli
ROOMS
biiroo de cheenjee
ofisi ya ubadilishanaji
shaanxaa kafanaa
sanduku
konkolaataa
gari

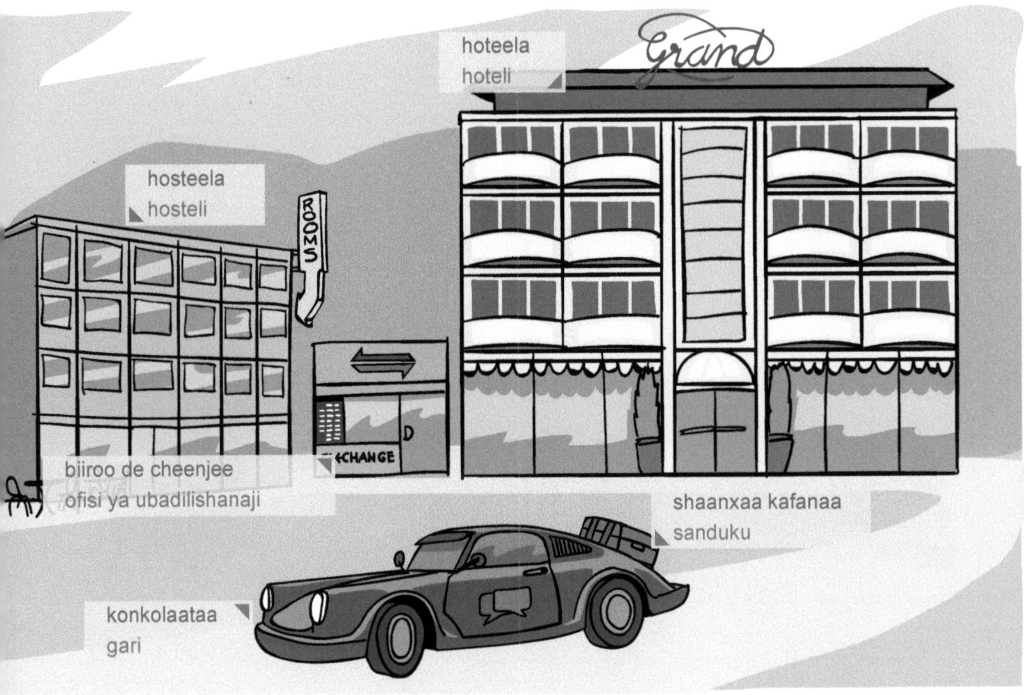

afaan
lugha

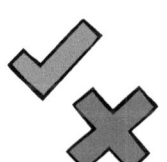

eyyeen / mitii
ndiyo / la

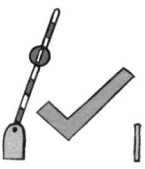

haa ta'u
sawa

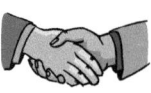

heloo
hujambo

turjmaana
mtafsiri

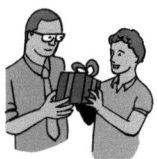

galatoomaa
Asante

meeqa

kiasi gani ni ...?

naaf hingalle

Sielewi

rakkoo

tatizo

akkam ooltan

Jioni njema!

akkam bultan?

Habari za asubuhi!

halkan gaarii

Usiku mwema!

nagaatti nagaatti

kwa heri

kallattii

mwelekeo

ba'aa imalaa

mizigo

korojoo

mfuko

ba'aa dugdaa

shanta

keessummaas

mgeni

kutaa

chumba

korojoo hirriibaa

begi la kulalia

dukkaana

hema

odeeffannoo turistii
....
taarifa ya utalii

qarqara haroo
....
ufuo

kireedit kaardii
....
kadi

ciree
....
kifunguakinywa

laaqana
....
chakula cha mchana

irbaata
....
chakula cha jioni

tikkeetii
....
tiketi

liiftii
....
kuinua

chaappaa
....
muhuri

daangaa
....
mpaka

barmaatilee
....
mila

embaasii
....
ubalozi

viizaa
....
visa

paasspoortii
....
pasipoti

geejiba
usafiri

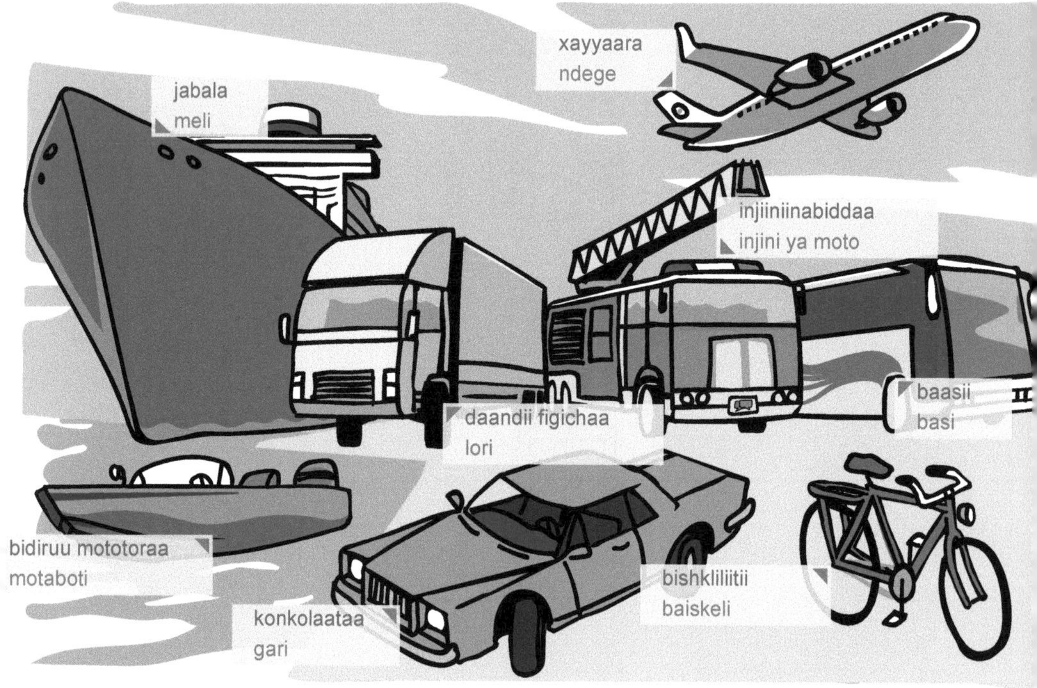

xayyaara
ndege
jabala
meli
injiiniinabiddaa
injini ya moto
baasii
basi
daandii figichaa
lori
bidiruu mototoraa
motaboti
bishkliliitii
baiskeli
konkolaataa
gari

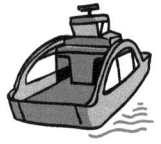

bidiruu deeddebii

feri

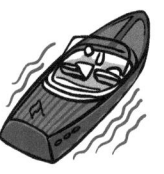

bidiruu

mashua

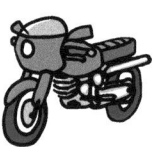

doqdoqqee

pikipiki

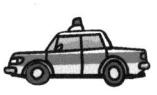

konkolaataa foolisaa

gari la polisi

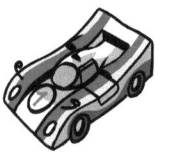

konkolaataa dorgommii

gari la mashindano

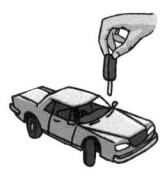

konkolaataa kiraa

gari la kukodisha

konkolataa waliin gahuu

kushiriki gari

marsaa boqqoonna

lori la kuvuta

daandii dhorkaa

ukusanyaji taka

motora

motor

boba'aa

mafuta

buufata boba'aa

kituo cha mafuta

mallattoo tiraafikaa

ishara trafiki

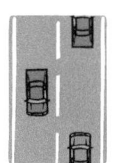

tiraafika

trafiki

cuccufaa daandii konkolaataa

msongamano

dhaabbii konkolaataa

maegesho

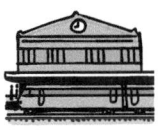

buufata baburaa

kituo cha treni

konkolaataa guddaa

reli

baabura

garimoshi

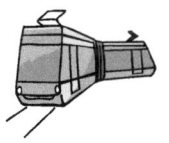

baabura eleektirikaa

tremu

gaarii fardaa

gari la mizigo

helikooftara

helikopta

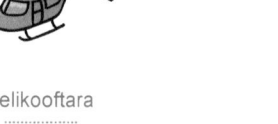

buufata xayyaaraa

uwanja wa ndege

qooxii

mnara

keessummaa

abiria

konteenara

chombo

kaartunii

katoni

gaarii

mkokoteni

qirccaata

kikapu

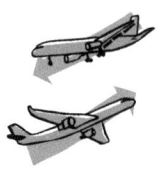

barrisuu / qubachuu

ondoka

magaalaa gudaa

jiji

araddaa

kijiji

handhuura magaalaa

katikati ya jiji

mana

nyumba

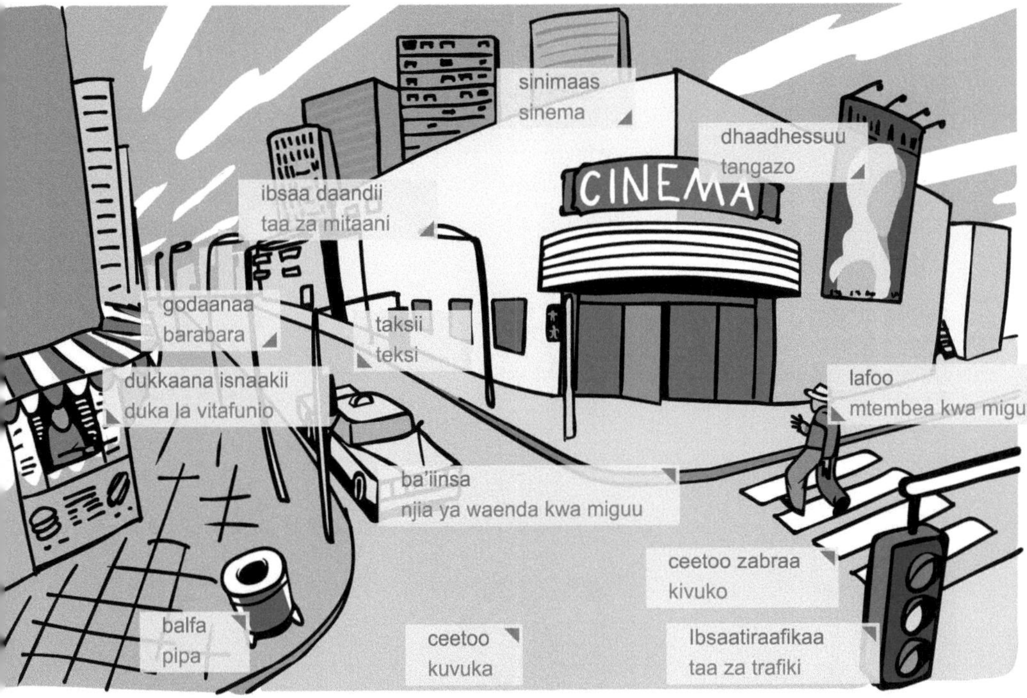

sinimaas
sinema

dhaadhessuu
tangazo

ibsaa daandii
taa za mitaani

CINEMA

godaanaa
barabara

taksii
teksi

lafoo
mtembea kwa miguu

dukkaana isnaakii
duka la vitafunio

ba'iinsa
njia ya waenda kwa miguu

ceetoo zabraa
kivuko

balfa
pipa

ceetoo
kuvuka

Ibsaatiraafikaa
taa za trafiki

godoo
kibanda

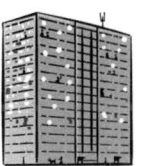

diriiraa
gorofa

buufata baburaa
kituo cha treni

galma magaalaa
ukumbi wa mji

muuziyeemii
Makavazi

baruumsaa
shule

yuunivarstii

chuo kikuu

baankii

benki

hospitaala

hospitali

hoteela

hoteli

mana qorichaa

duka la dawa

waajjira

ofisi

dukkana kitaabaa

duka la kitabu

dukkaana

duka

gurgurtuu abaabo

duka la maua

suppar maarkeetii

dukakuu

gabaa

soko

kuusaa dame

idara ya kuhifadhi

kiyyeessituu qurxxummii

mwuza samaki

giddu gala gabaa

kituo cha ununuzi

buufata galaanaa

bandari

paarkii

Hifadhi

tessoo dalgee

benki

riqica

daraja

sibsaabii

vidato

Lafa jala

chini ya ardhi

holqa

handaki

buufata konkolaataa

kituo cha mabasi

baarii

bar

mana nyaataa

mgahawa

saanduqa poostaa

sanduku la posta

mallattoodaandii

ishara ya barabara

idoo dhaabbii konkolaataa

mita ya maegesho

dallaa beeladaa

bustani ya wanyama

haroo daakkaa

kidimbwi cha kuogelea

masgiida

msikiti

qonna
shamba

faalama
uchafuzi

iddoo awwaalchaa
makaburini

charchii
kanisa

dirree taphaa
uwanja wa michezo

siidaa
hekalu

teechuma lafaa
mazingira

baala
jani

maxxansa beeksiisaa
ishara ya mwelekeo

karaa
njia

huruufa magariisa
malisho

dhakaa
jiwe

muka
mti

nama lafoo deemu
mtembeaji wa masafa

laga
mto

mrga
nyasi

abaaboo
ua

sulula

bonde

tabba

kilima

hara

ziwa

bosona

msitu

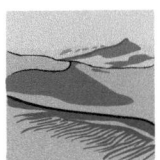

gammoojjii oo;aa

jangwa

dhooyinsalafaa

volkano

masaraa

ngome

sabbata waaqqaa

upinde wa mvua

jaarsa marqoo

uyoga

muka teemiraa

mtende

bookee busaa

mbu

balali'uu

kuruka

mixii

chungu

kanniisa

nyuki

sarariitii

buibui

boombii

mende

hurrii

chura

shikookkoo

kuchakuro

xaddee

nungunungu

beelada illeentii fakkaatu

sungura

jajuu

bundi

simbira

ndege

daakkiyyee

swan

ifaannaa

nguruwe mwitu

godaa

kulungu

godaa ameerikaatti argamu

aina ya kongoni

riqicha

bwawa

tarbaayinii buubbee

tabo ya upepo

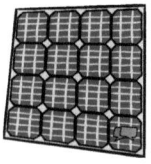

panaalii soolaarii

nishaji ya jua

haala qilleensaa

hali ya hewa

mana nyaataa
mgahawa

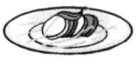

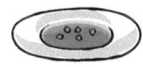

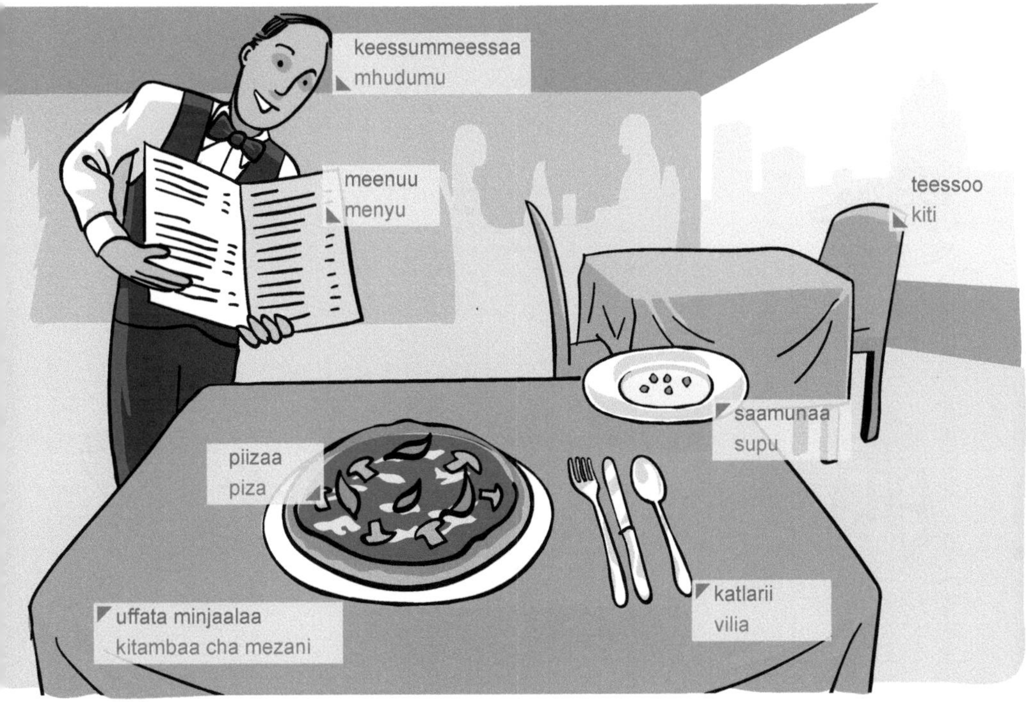
keessummeessaa
mhudumu
meenuu
menyu
teessoo
kiti
saamunaa
supu
piizaa
piza
katlarii
vilia
uffata minjaalaa
kitambaa cha mezani

calqabsiisaa

kiamsha hamu

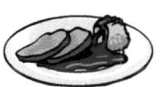

madda muummee

kozi kuu

deezaartii

kitindamlo

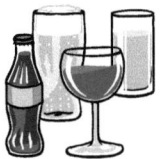

dhugaatii

vinywaji

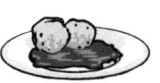

nyaata

chakula

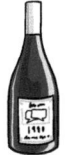

qaruuraa

chupa

nyaata qophaa'aa

chakula cha haraka

nyaata karaa irraa

Streetfood

markajii shaayii

buli

qodaa shukkaaraa

kisanduku cha sukari

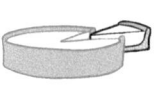

uwwisa

sehemu

maashina espereessoo

mashine ya espresso

teessoo ol ka'aa

kiti kirefu

nagahee

muswada

tirii

trei

hlbee

kisu

shuukkaa

uma

fal'aana

kijiko

fal'aana shaayii

kijiko cha chai

uffrata minjaala nyaataa

nepi

burcuqqoo

glasi

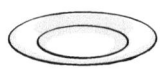

diiriiraa

sahani

teessoo saamunaa

sahani ya supu

teessoo siinii

sufuria

sugoo

mchuzi

qodaa sooqiddaa

kichanyaji chumvi

daaktuu barbaree

kinu cha pilipili

hadhooftuu

siki

zayita

mafuta

qimamii

viungo

kachappii

kechapu

sanaafica

haradali

maaynoneezii

kachumbari nzito

suppar maarkeetii
dukakuu

kenaa addaa
ofa maalum
maamila
mteja
oomish aannanii
maziwa
fuduraa
matunda
baabura eelektirikaa
toroli
FOR

BUTCHERS

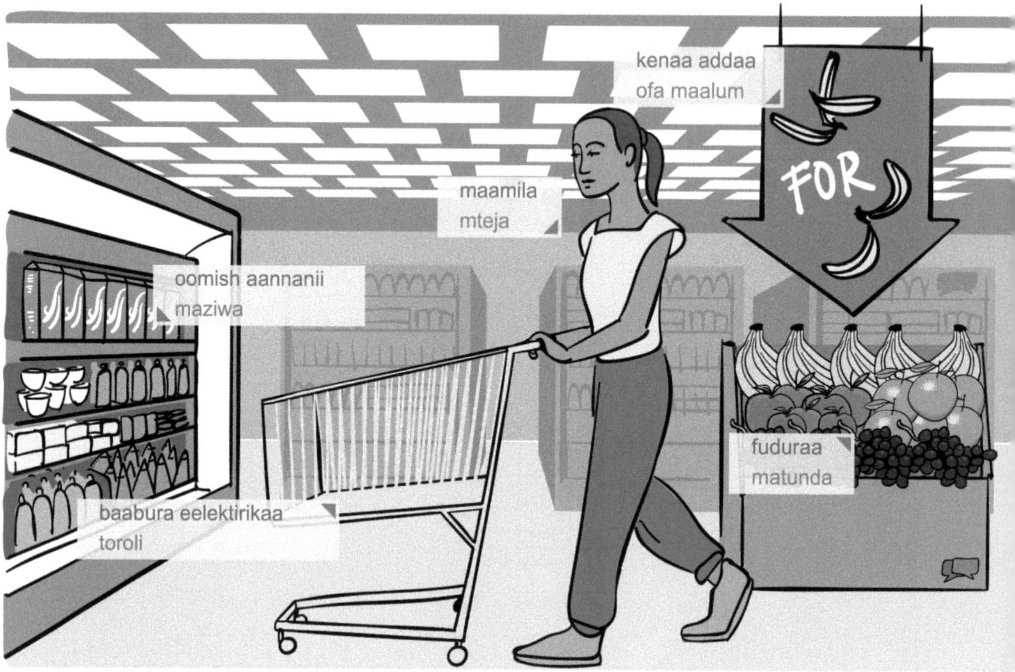

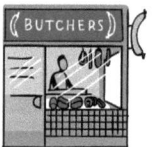

mana foonii

mchinjaji

BAKERY

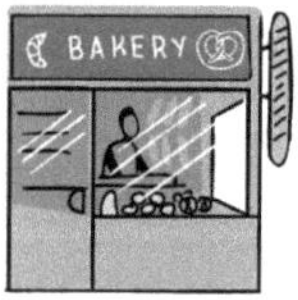

tolchituu

mwokaji

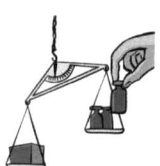

ulfaatina safaruu

uzito

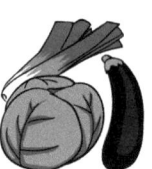

kuduraa

mboga

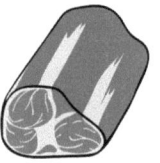

foon

nyama

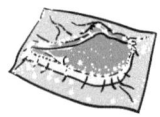

nyaataqorraa

chakula waliohifadhiwa

foon qorraa

ipande vya nyama baridi

nyaata samsmaa

chakula cha kopo

oomoo

sabuni ya unga

mi'aawaa

pipi

oomisha meeshaa manaa

bidhaa za kaya

bu'aa qulqulleessuu

bidhaa za kusafisha

nama gurgurtaa

mtu mauzo

hanga

mpaka

qarshi qabduu

keshia

taree gabaa

orodha ya manunuzi

sa'aatii baniinsaas

masaa ya ufunguzi

krojoo qarshii kan dhiiraa

mkoba

kireedit kaardii

kadi

korojoo

mfuko

korojoo pilaastikaa

mfuko wa plastiki

bishaan

maji

cuunfaa

sharubati

aannani

maziwa

kookii

coke

wayinii

mvinyo

biiraa

bia

alkoolii

pombe

kookaa

kakao

shaayii

chai

buna

kahawa

espereesso

spreso

kaappuchuunoo

kapuchino

muuzii

ndizi

aappilii

tufaha

burtukaana

machungwa

meeloonii

tikiti

loomii

lemon

kaarotii

karoti

qullubbii adii

kitunguu saumu

leemmana

mianzi

qullubbii

kitunguu

jaarsa marqoo

uyoga

godoo

karanga

gowwaa

nudo

ispaageetii

spageti

ruuza

mpunga

salaaxaa

saladi

chiipsii

vibanzi

moose affeelamaa

viazi vya kukaanga

piizaa

piza

hmbargarii

hambaga

saanduchii

sandwichi

kotaleetii

kipande

foon booyyee kan luka
fuuiduraa

paja la mnyama

nyaata mi'eessituu fi
sooggiddan sukkummame

salami

sausage

soseji

lukuu

kuku

waaddii

choma

qurxummii

samaki

bulluqa aajjaa

oats ya uji

masliis

muesli

fandishaa

cornflakes

daakuu

unga

kiroosantii

kroisanti

daabboo-

andazi

daabboo

mkate

dabboo oo'aa

mkate wa kubanika

buskuuta

biskuti

dhadhaa

siagi

itittuu

maziwa mgando

keekii

keki

buuphaa

yai

buuphaa affeelamaa

yai kukaanga

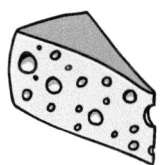

ayibii

jibini

aays kireemii

aiskrimu

shukkaara

sukari

damma

asali

marmaalaataa

jemu

chokkoleetii bittinnaa'aa

kuenea kwa chokoleti

kuurii

mchuzi wa viungo

qonna
shamba

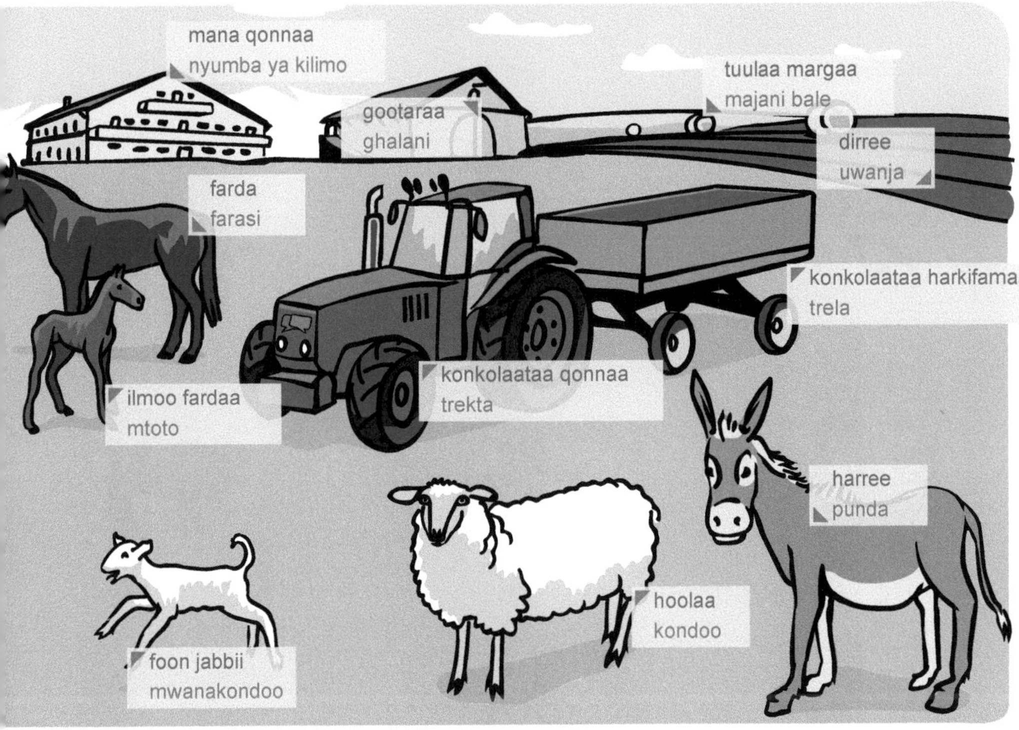
mana qonnaa
nyumba ya kilimo
gootaraa
ghalani
tuulaa margaa
majani bale
dirree
uwanja
farda
farasi
konkolaataa harkifamaa
trela
konkolaataa qonnaa
trekta
ilmoo fardaa
mtoto
harree
punda
hoolaa
kondoo
foon jabbii
mwanakondoo

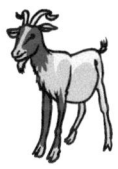

ra'ee
mbuzi

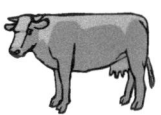

sa'a
ng'ombe

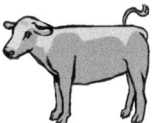

jabbilee
ndama

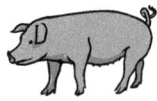

booyyee
nguruwe

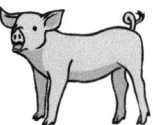

ilmoo booyyee
mwananguruwe

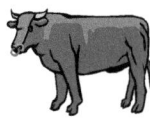

korma
fahali

ziyyee

batabukini

daakkiyyee

bata

lukkuu

kifaranga

lukkuu haadhoo

kuku

lukkuu kormaa

jogoo

hantuuta

panya

adurree

paka

hantuuta goodaa

panya

qotiyyoo

ng'ombe

saree

mbwa

mana saree

nyumba ya mbwa

ujjummoo oddoo

bomba la bustani

kan ittin bishaan obaasan

debe la kumwagilia maji

haamtuu dheeraa

fyekeo

qotuu

kulima

haamtuu

mundu

gasoo

jembe

manshii

uma wa nyasi

qotoo

shoka

gaarii goommaa

toroli

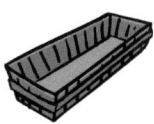

suluula

kupitia nyimbo

meeshaa aannanii

chombo cha maziwa

keeshaa

gunia

dallaa

ua

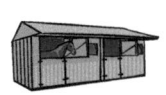

tasgabbii

imara

mana biqiltuu

chafu

biyyee

udongo

sanyii

mbegu

dachee gabbistuu

mbolea

kmbaayinara haamaa

kivunaji

haamuu

mavuno

haamuu

mavuno

biqiltuu hundeen isaa
nyaatamu

viazi vikuu

qamadii

ngano

sooy

soya

moose

viazi

boqqoolloo

mahindi

raappii siidii

rapa

muka fudraa

mti wa matunda

kzaavaa

muhogo

midhaan biilaa

nafaka

mana
nyumba

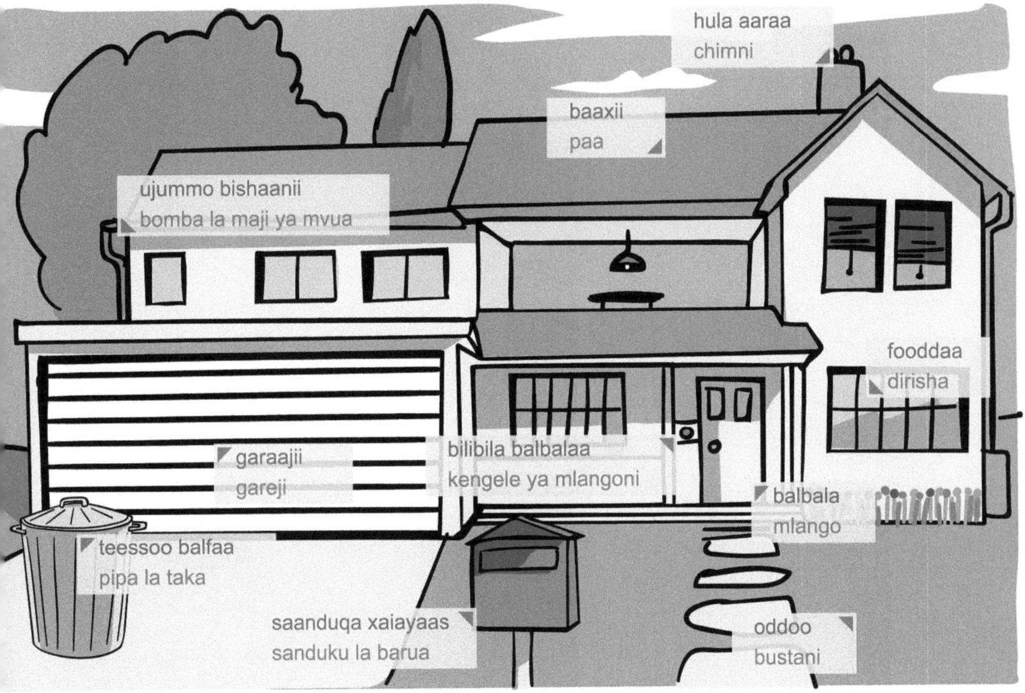
hula aaraa
chimni
baaxii
paa
ujummo bishaanii
bomba la maji ya mvua
fooddaa
dirisha
garaajii
gareji
bilibila balbalaa
kengele ya mlangoni
balbala
mlango
teessoo balfaa
pipa la taka
saanduqa xaiayaas
sanduku la barua
oddoo
bustani

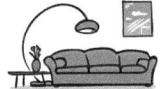

kutaa jireenyaa

sebuleni

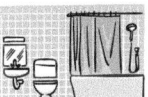

kutaa dhiqannaa

bafu

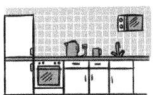

mana bilcheessaa

jikoni

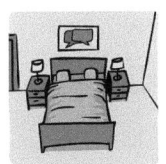

kutaa ciisichaa

chumba cha kulala

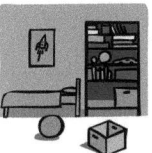

kutaa ijoollee

chumba ya mtoto

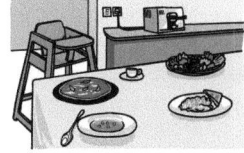

kutaa nyaataa

chumba cha kulia

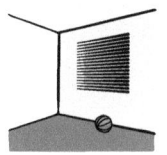

lafa
......
sakafu

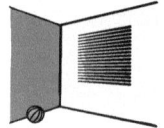

ededaa
......
ukuta

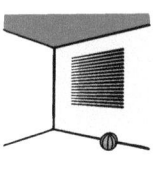

baaxii
......
dari

seelaarii
......
pishi

saawunaa
......
sauna

baankoonii
......
roshani

madaba
......
mtaro

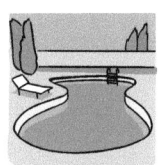

puulii
......
kidimbwi

konkoolaataa haamaa
......
mashine ya kukata nyasi

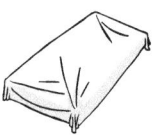

ansoolaa
......
karatasi

uffata siree
......
kitambaa cha kupamba
kitanda

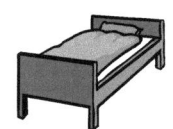

siree
......
kitanda

hartuu
......
ufagio

baaldii
......
ndoo

cufuu
......
kubadili

kutaa jireenyaa

sebuleni

wolpeepparii
mandhari
fakkii
picha
foon hoolaa
taa
masalangaa
rafu
kaappi boordiis
kabati
tlevisziinii
televisheni/runinga
midijjaa
mekoni
abaaboo
ua
boraatiii
mto
soofaa
sofa
tessoo abaaboo
chombo cha maua
too'attuu halaalaa
kitenzambali

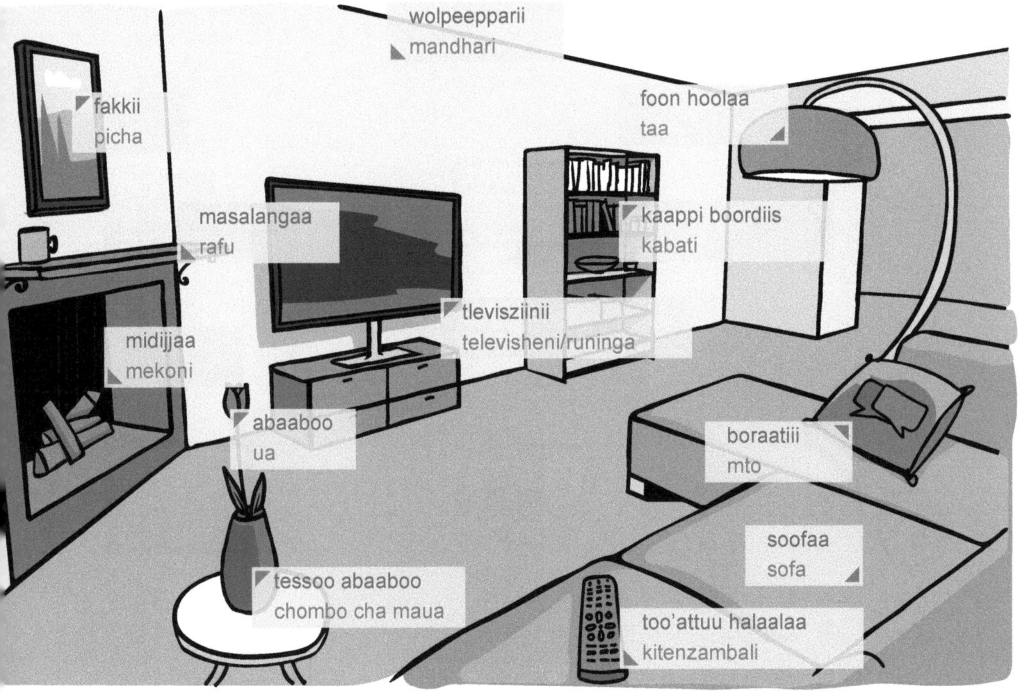

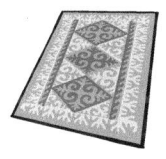

afata

zulia

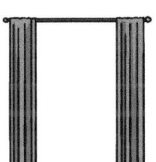

golgaa

pazia

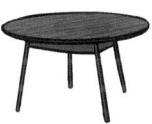

minjaala

meza

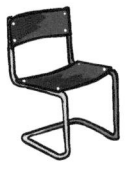

teessoo

kiti

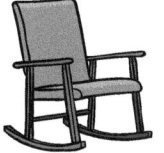

teessoo rarra'aa

kiti cha bembea

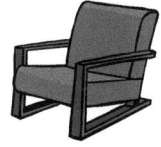

teesoo ciqilffannaa

armchair

kitaaba
kitabu

uffata qorraa
blanketi

midhagina
mapambo

muka qoraanii
kuni

fiilmii
filamu

meeshaa
kifaa cha hi-fi

furtuu
ufunguo

gaazexaa
gazeti

dibuu
uchoraji

barjaa
bango

reedyoonii
redio

daftara yaadanoo
daftari

meeshaa eeleektirikaa afata
qulqulleessu
kifyonza

laaftoo
dungusi kakati

dungoo
mshumaa

mana bilcheessaa
jikoni

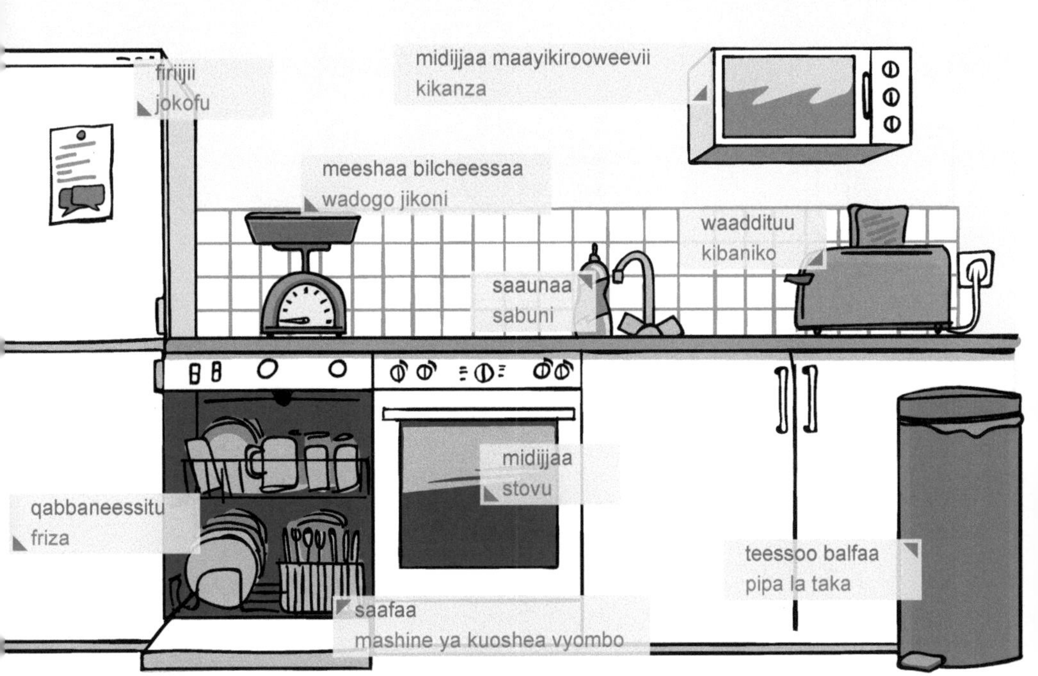
firiijii
jokofu
midijjaa maayikirooweevii
kikanza
meeshaa bilcheessaa
wadogo jikoni
waaddituu
kibaniko
saaunaa
sabuni
midijjaa
stovu
qabbaneessitu
friza
teessoo balfaa
pipa la taka
saafaa
mashine ya kuoshea vyombo

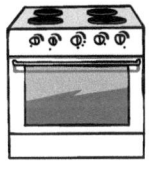

bilcheesssituu

jiko la kupika

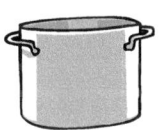

okkotee

chungu

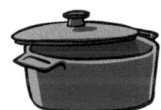

cast-iron pot

sufuria ya chuma

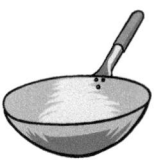

sataatee

wok / kadai

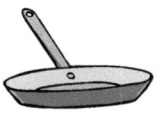

waaddituu

kaango

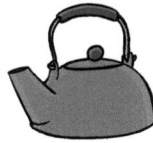

markajii

birika

jabala humna urkaa
....
stima

tirii bilcheessaa
....
sinia ya kuoka

bantuu qaruuraa
....
vyombo vya udongo

geeba
....
kombe

sayinaa
....
bakuli

dibata hidhii
....
vijiti vya kulia

cilfaa
....
ukawa

shuukkaa
....
mwiko mpana

areeda aduurree
....
burashi

dhimbiibduu
....
kichujio

gingilchaa
....
chujio

meeshaa farfartuu
....
mbuzi

mooyyee
....
chokaa

waadii abiddaa
....
barbeque

midijjaa
....
moto wazi

maktafiyaa

ubao wa majaribio

martuu

kijiti cha kusukuma unga

bantuu qaruuraa

kizibuo

danda'uu

kopo

banuu danda'uu

inaweza kopo

teesoo okkotee

kishikio cha chungu

lixuu

karo

buruushii

brashi

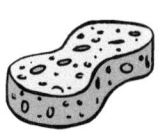

ispoonjii

sifongo

meeshaa waliin makaa

kisagaji matunda

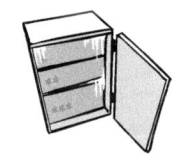

qabbaneessaa guddaa

friji ya kina

xuuxxoo

chupa ya mtoto

ujjuummoo

bomba

kutaa dhiqannaa

bafu

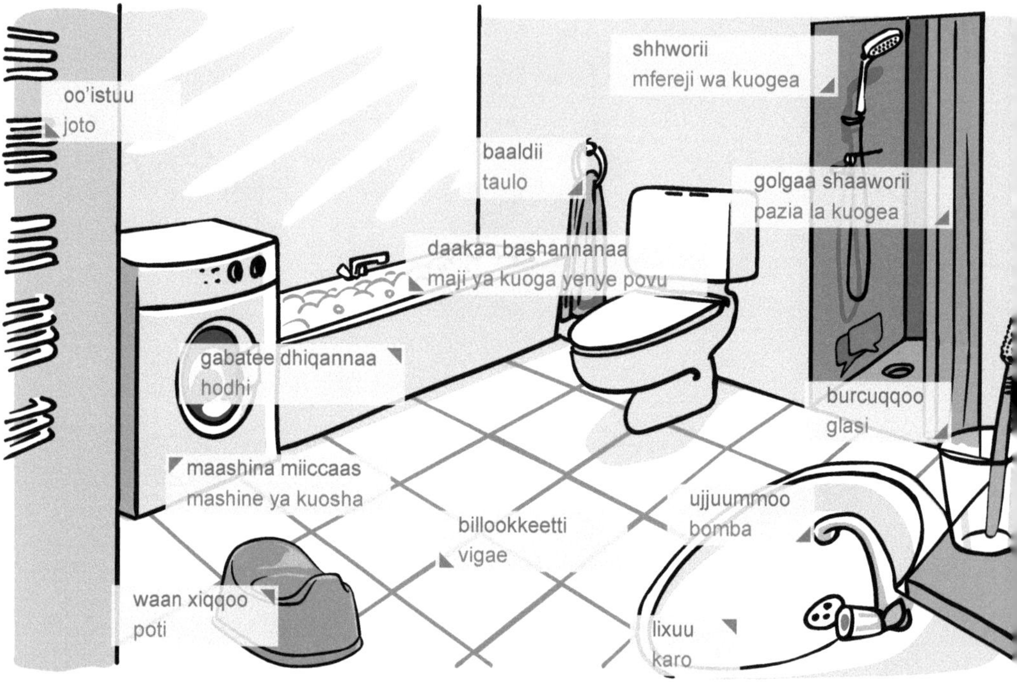

oo'istuu
joto
baaldii
taulo
shhworii
mfereji wa kuogea
golgaa shaaworii
pazia la kuogea
daakaa bashannanaa
maji ya kuoga yenye povu
gabatee dhiqannaa
hodhi
burcuqqoo
glasi
maashina miiccaas
mashine ya kuosha
ujjuummoo
bomba
billookkeetti
vigae
waan xiqqoo
poti
lixuu
karo

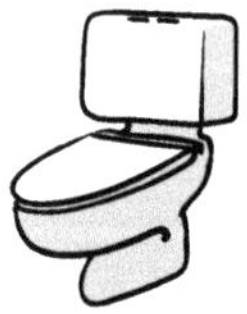

mana fincaanii
choo

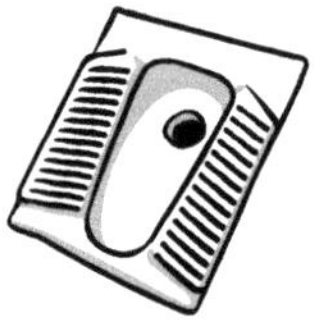

mana fincaanii taa'e
choo cha squat

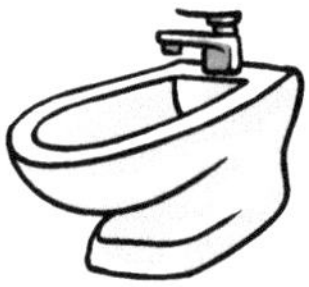

saafaa
beseni la mviringo

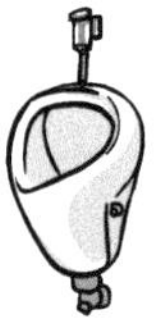

sahiinaa mana fincaanii
choo cha umma

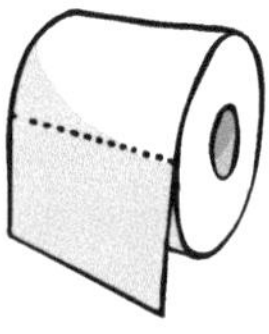

sooftii
shashi

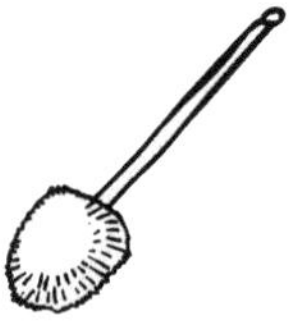

burusha mana fincaanii
brashi ya choo

buruushii ilkaanii

mswaki

saamunaa ilkaanii

dawa ya meno

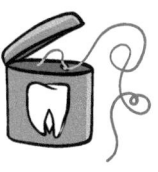

soqxuu ilkaanii

dawa ya meno

dhiquu

safisha

qaama dhiqannaa aadaa

kuoga mkono

kan dach

msukumo wa maji

sulula

bonde

mana dhiqataa

mpako wa pili

saamunaa

sabuni

dibata dhiqannaa boodaa

jeli ya kuogea

shaampuu

shampuu

jejuu

flana

gogsuu

toa maji

kireemii

krimu

dodoraantii

kiondoa harufu

daawitii
kioo

daawitii hrkaa
kioo mkono

milaacii
kinyozi

dibata areedaas
povu la kunyoa

diibata areedaa
baada ya kunyoa

filaa
kichana

burusha
brashi

qoorsituu rifeensaa
kikausha nywele

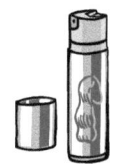

hafuuftuu rifeensaa
marashi ya nyewele

meekaappii
vipodozi

lippistiikii
kidomwa

qeessa muculiksituu
varnish ya msumari

jirbii
pamba

murtuu qeessa
mkasi wa kucha

shittoo
manukato

korojoo dhiqannaa

mkoba wa kuosha

gatteechuma

kinyesi

iskeelii ulfaatinaa

mizani

uffata dhiqannaa

nguo ya kuoga

guwaantii pilaastikaa

glavu za mpira

moodesii

kisodo

fooxaa qulquulinaa

sodo

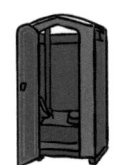

keemikaala mana fincaanii

kemikali choo

kutaa ijoollee

chumba ya mtoto

sa'aatii alaarmii
saa ya kengele
Eebbiyyoo Hammatamu
kidoli cha kupakata
konkolaatt ijollee
gari bandia
hasaasuu
kelele
mana eebbiyyo
chumba cha midoli
jira
sasa

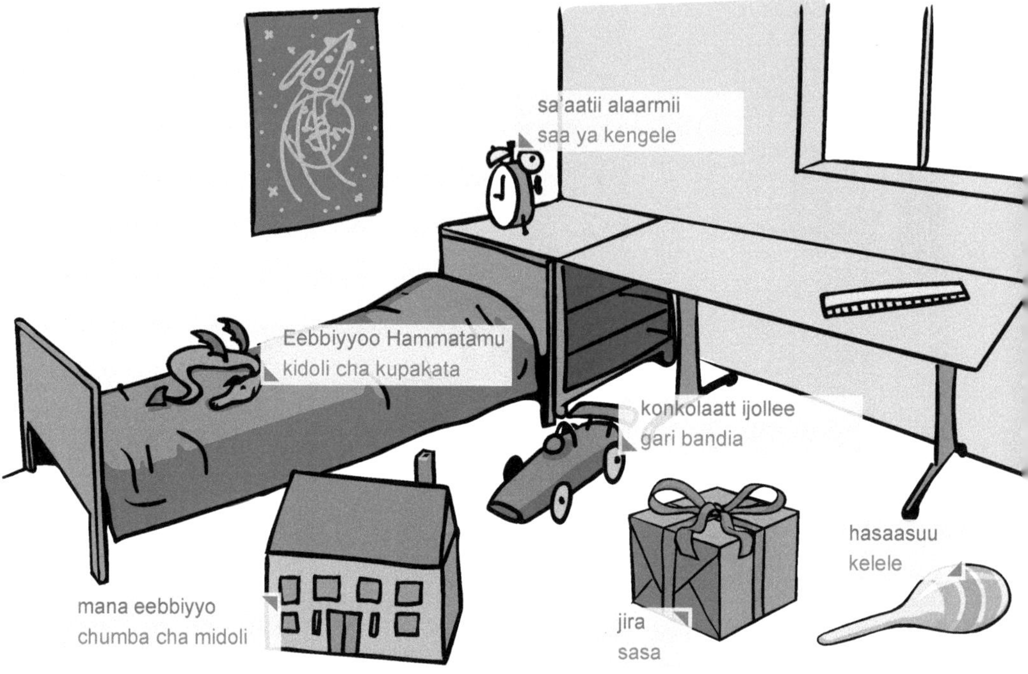

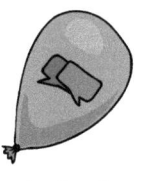

baaloonii

baluni

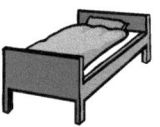

siree

kitanda

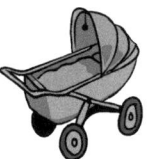

gaarii daa'imaa

mashua

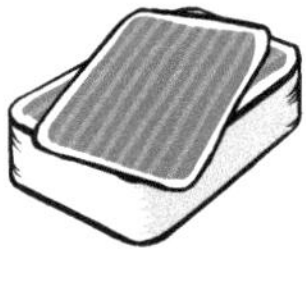

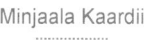

Minjaala Kaardii

staha ya kadi

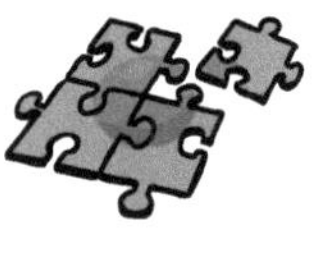

akaafaa

mchezo-fumb

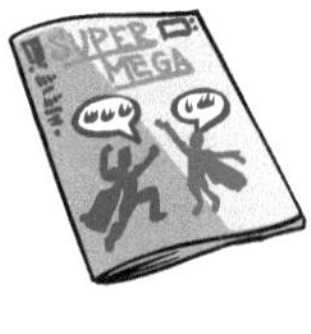

kofalchiisaa

vichekesho

lego bricks

matofali lego

dlookii ijaarsaa

vitalu mwigo

lakkofsa gochaa

hatua takwimu

guddina daa'imaa

suti ya kulalia

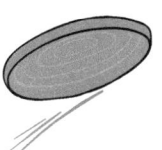

saahinaa taphaa

kisahani

mobaayilii

simu

gabatee taphaa

ubao wa michezo

kuubii lakk. 1-6 qabu

kete

teessuma leenji'aa modeelaa

garimoshi mwigo

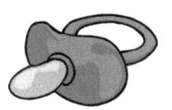

fakkii

dummy

afeerrii

chama

kitaaba fakii

picha kitabu

kubbaa

mpira

eebiyyoo

kikaragosi

tapha

kucheza

boolla cirrachaa

shimo la mchanga

hodhuu

bembea

eebbiyyoo

vitu bandia

konsoli tapha viidyoo

kiweko cha video ya mchezo

marsaa sadii

baiskeli ya magurudumu

eebiyyo hammatamtu

mwanasesere

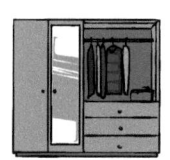

sanduqaa dhaabbii

kabati

matatu

cuufinsa

nguo

kaalsii

soksi

istookingii

stokingi

taayitii

kibano

guftaa
skafu

dibaaboo
mwavuli

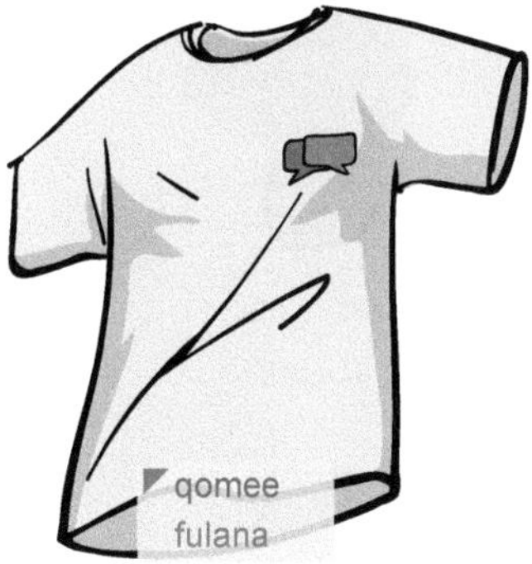

qomee
fulana

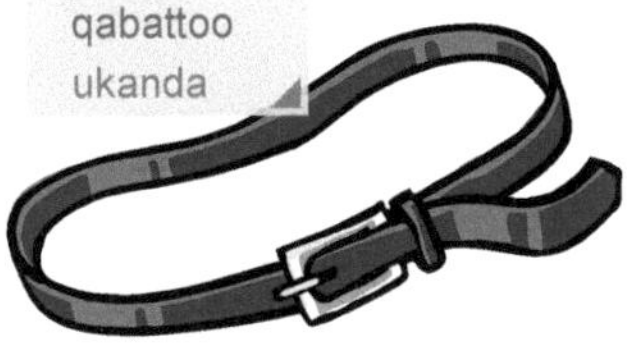

qabattoo
ukanda

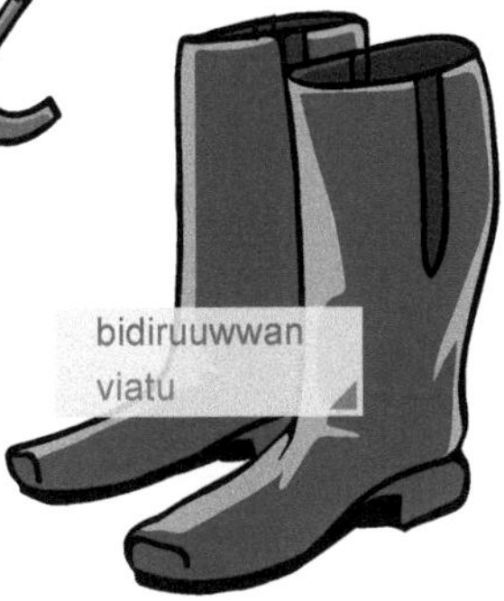

slipparii
ndara

bidiruuwwan
viatu

leenjitoota
wakufunzi

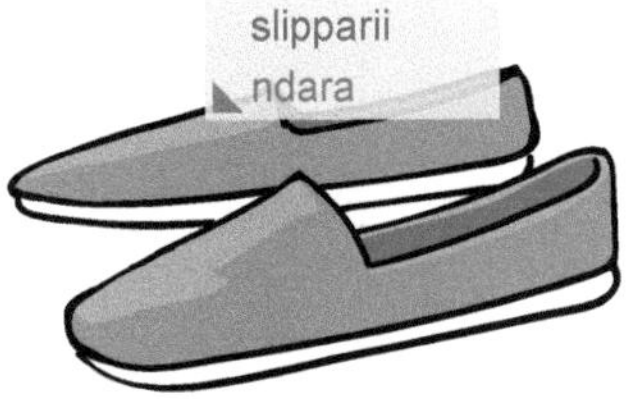

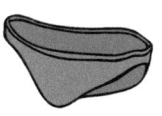

kophee banaa
malapa

kophee
viatu

bidiruu pilaastikaa
mabuti ya mpira

butaantaa
suruali ya ndani

harmaa
sidiria

sadariyyaa
fulana

qaama
mwili

kofoo dheeraa
suruali

jiinsii
dangirizi

dalgee
sketi

shamiza
blauzi

shurraaba
shati

shurraaba
vuta

haaguuggii jaakkeettii
sweta

yuunifoormii
bleza

jaakkeettii
jaketi

kootii
koti

kafana roobaa
koti la mvua

barsuma
maleba

wandaboo
gauni

kafana gaa'ilaa
mavazi ya harusi

kafana guutuu
....
suti

uffata halkanii
....
vazi la usiku

bijaamaa
....
pajama

wandaboo hindii
....
sari

guftaa
....
skafu

marata
....
kilemba

burqaa
....
burka

jalabiyyaa
....
kaftan

abaya
....
abaya

kafana daakkaa
....
vazi la kuogelea

mudhii
....
vazi la kiume la kuogelea

kofoo gabaabaa
....
kaptura

kafanafgichaa
....
teitei

appiroonii
....
aproni

guwwaantii
....
glavu

furtuu
....
kifungo

burcuqqoowwan
....
glasi

gumee
....
bangili

amartii
....
mkufu

qubeelaa
....
pete

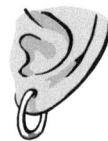

glii
....
herini

geeba
....
kofia

fanoo kootii
....
kiango cha koti

qoobii
....
kofia

karbaata
....
tai

ziippii
....
zipu

heelmeetii
....
kofia

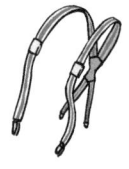

collee
....
kanda za suruali

uffata mana baruumsaa
....
sare za shule

yuunifoormii
....
sare

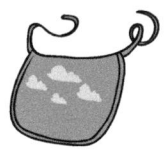

kafana gorooraa

bibu

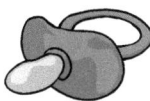

fakkii

dummy

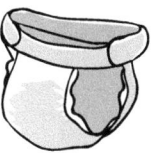

naappii

nepi

waajjira

ofisi

sarvarii
seva
faayil kaabineetii
kabati la kuweka faili
piriintarii
kichapishaji
warqaa
karatasi
moonitarii
kiwambo
maawzii
kipanya
minjaala
dawati
fooldarii
folda
kiiboordii
kibodi
teessoo
kiti
ta gatoo
cha kuweka karatasi chafu
kompitara
kompyuta

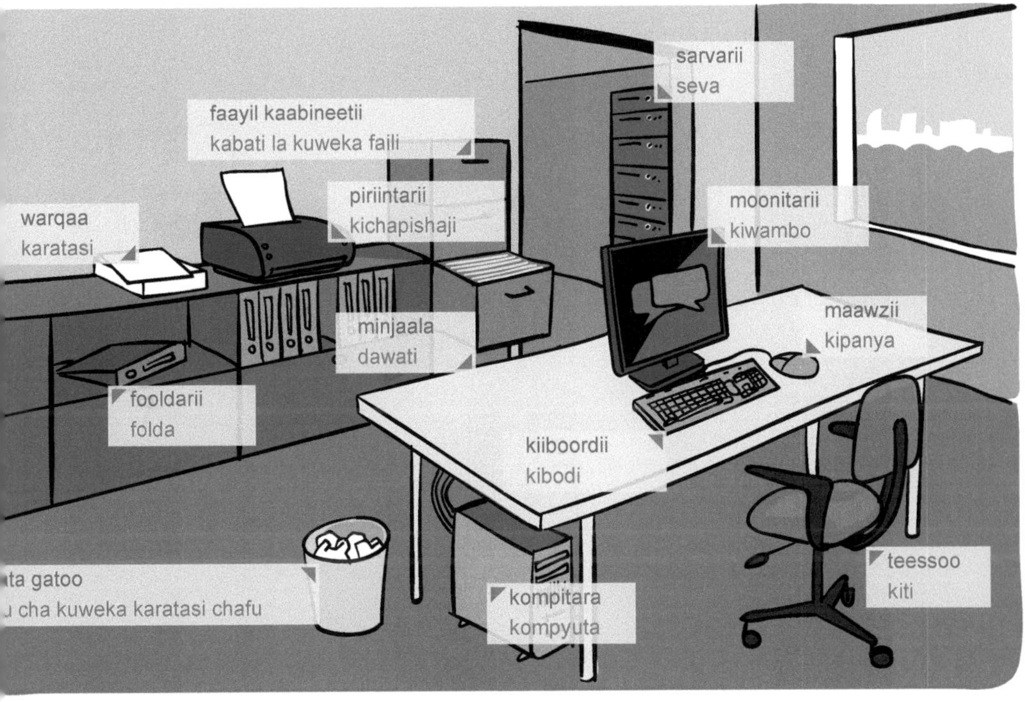

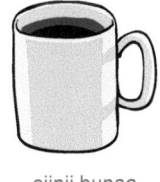

siinii bunaa

kmobe la kahawa

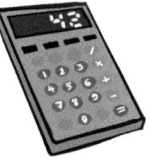

herregduu

kikokotoo

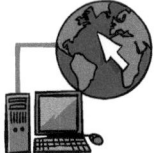

intarneetii

biashara

lab tooppii

mbali

xalaya

barua

ergaa

ujumbe

mobbyilii

rununu

neetwoorkii

intaneti

maashina footokoppii

fotokopia

sooft weerii

programu

bilbila

simu

sookkeetii suuqii

soketi

maashina faaksiis

kipepesi

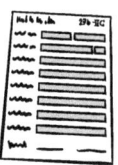

uunkaa

fomu

dookimantii

hati

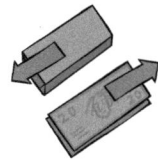

diinagdee
uchumi

bituu
kununua

kafaluu
kulipa

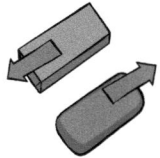

daldaluu
biashara

qarshii
fedha

doolaara
dola

yuroou
yuro

yen
yeni

ruubilii
rouble

Farankaa swwiz
faranga ya Uswisi

yuwaanii reenmiinbii
renminbi yuan

ruuppee
rupia

kaash pooyintii
eneo la kulipia

biiroo de cheenjee
ofisi ya ubadilishanaji

warqee
dhahabu

meeta
fedha

zayita
mafuta

human
nishati

gatii
bei

koontiraata
mkataba

taaksii
kodi

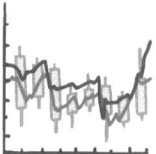

shaqaxa
bidhaa

hojjechuu
kazi

qacaramaa
mfanyakazi

qacaraa
mwajiri

faabrikaas
kiwanda

dukkaana
duka

hojii
kazi

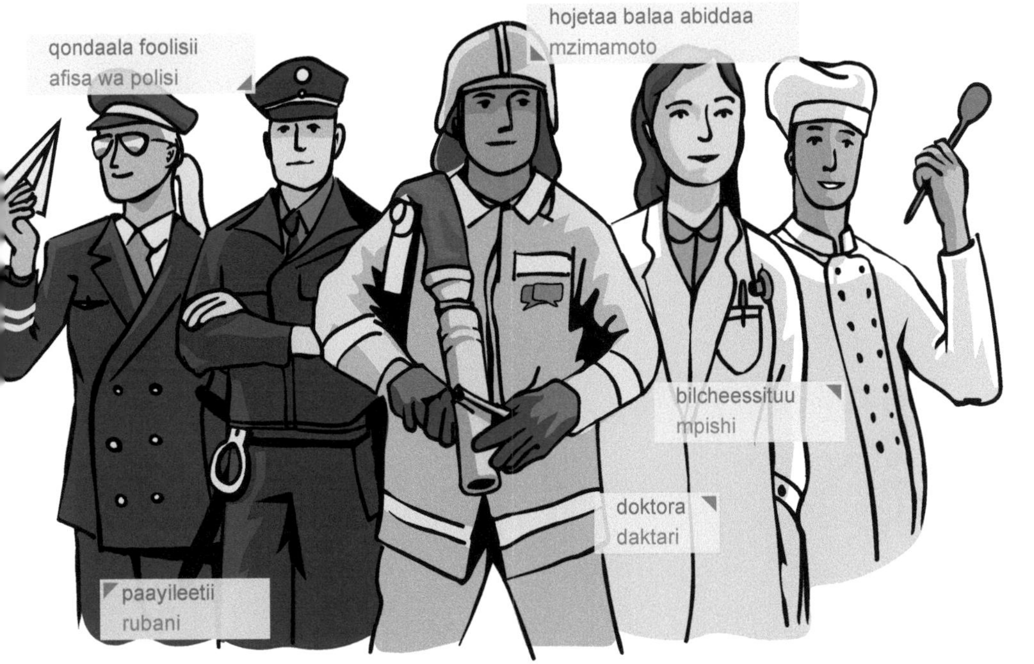
qondaala foolisii
afisa wa polisi
hojetaa balaa abiddaa
mzimamoto
bilcheessituu
mpishi
doktora
daktari
paayileetii
rubani

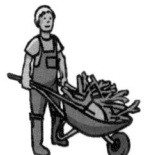

waardiyyaa

mtunza bustani

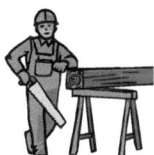

ogeessa mukaa

seremala

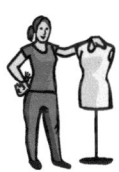

ooftuu jabalaa

mshonaji

abbaa seeraa

hakimu

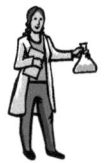

keemistii

mwanakemia

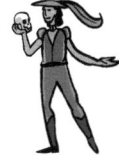

ta'aa

muigizaji

konkolaachisaa

dereva wa basi

konkolaachisaataaksii

dereva wa teksi

qurxumii kiyyeessaa

mvuvi

qulqulleessituu

mwanamke wa kusafisha

hojetaa baaxii

mwezekaji

keessummeessaa

mhudumu

adamisituus

mwindaji

halluu dibduu

mchoraji

tolchituu

mwokaji

elektrishaana

umeme

ijaaraa

mjenzi

injinara

mhandisi

mana foonii

mchinjaji

hjjetaa ujummoo

fundi bomba

poostaa geessituu

mwanaposta

raayyaa

mwanajeshi

arkteektii

msanifu majengo

qarshi qabduu

keshia

abaaboo gurgurtuu

muuza maua

dabbasaa murtuu

msusi

kondaaktara

kondakta

makaanika

mekanika

kaappiteenii

nahodha

hakiima ilkee

daktari wa meno

saayntiistii

mwanasayansi

rabbi

rabbi

imaama

imamu

moloskee

mtawa

luba

kasisi

meeshaalee
zana

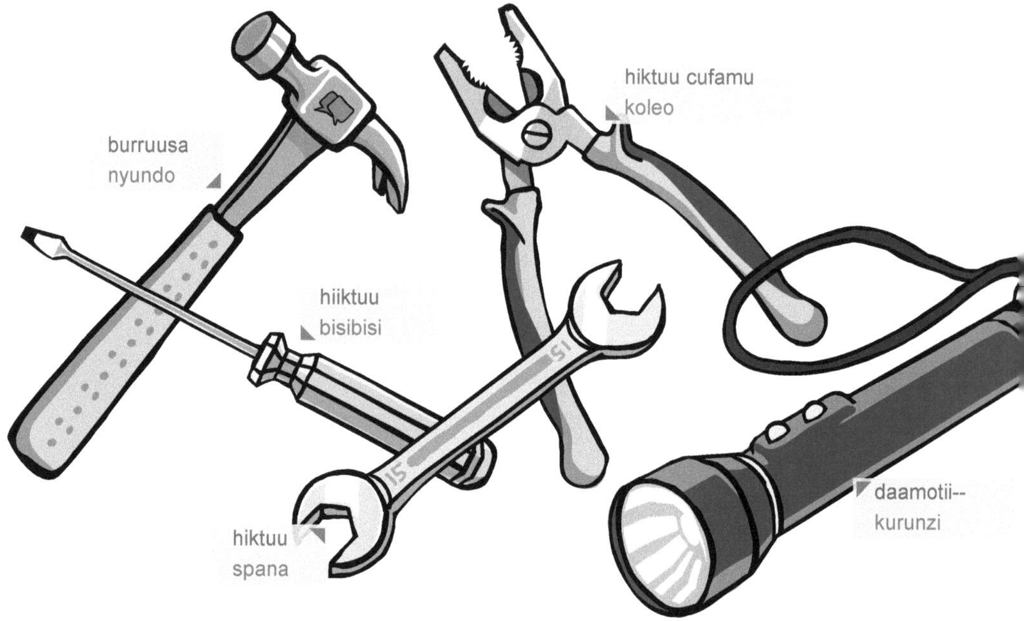

burruusa
nyundo
hiktuu cufamu
koleo
hiiktuu
bisibisi
hiktuu
spana
daamotii--
kurunzi

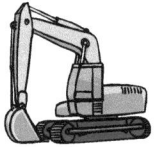

gasoo
mchimbaji

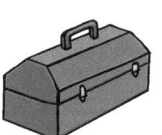

saanduqa meeshhalee
sanduku la vifaa

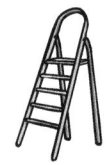

kortoo
ngazi

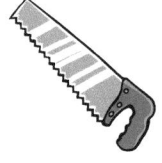

magaazii
msumeno

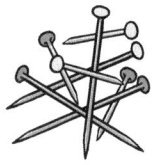

bismaara
misumari

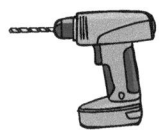

diriilii
kuchimba visima

suphuu
kukarabati

akaafaa
sepetu

dhaabi
Lo!

gataa balfaa
kishikio cha uchafu

qodaa haalluu
chungu cha rangi

hiktuu
skurubu

meeshaalee muuziqaa
ala za muziki

sagalee guddistuu
spika

teessoo dibbee
mpangilio wa ngoma

gitaara
gita

sagalee baay'ee xiqqaa
besi mara mbili

tiraampeetii
tarumbeta

piyaanoo

piano

vaayoolinii

fidla

sagalee xiqqaa

ubeji

timpaanii

timpani

dibbee

ngoma

kiiboordii

kibodi

saaksi foona

saksafoni

ulullee

filimbi

may craafoona

maikrofoni

dallaa beeladaa
bustani ya wanyama

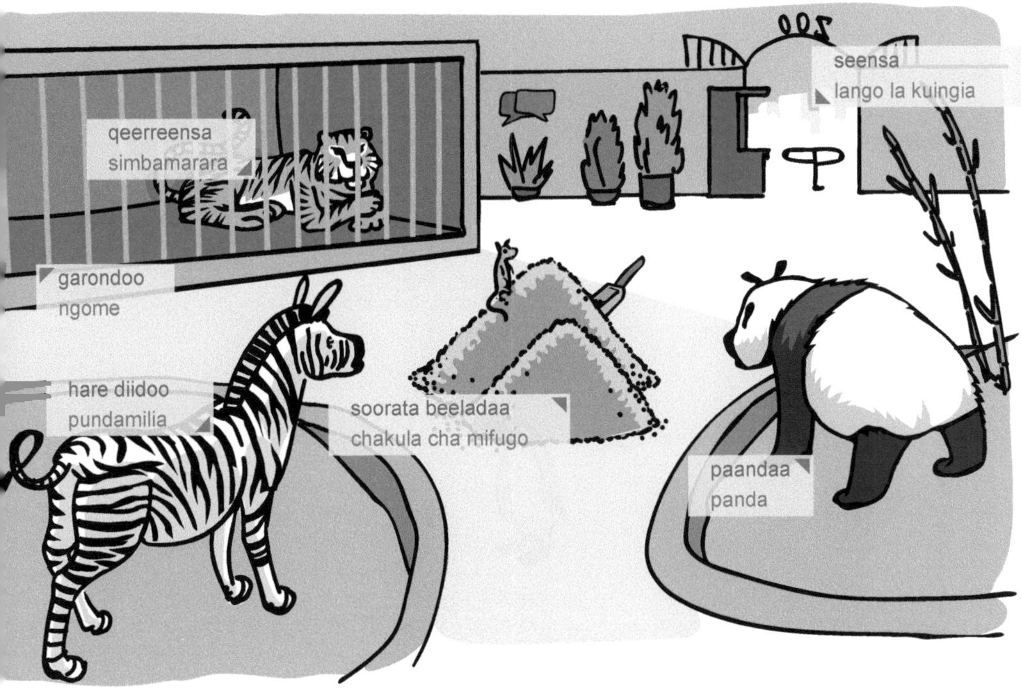

qeerreensa
simbamarara
seensa
lango la kuingia
garondoo
ngome
hare diidoo
pundamilia
soorata beeladaa
chakula cha mifugo
paandaa
panda

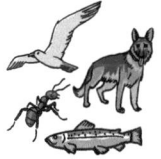

beeladoota

wanyama

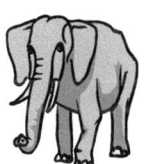

arba

tembo

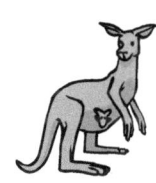

kaangaaroo

kangaruu

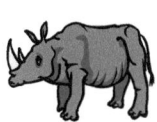

warseesa

kifaru

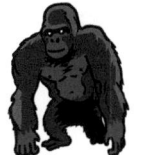

jaldeessa guddaa

sokwe

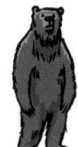

godaa

dubu

gala

ngamia

guchii

mbuni

leenca

simba

jaldeessa

tumbili

fiilaamingoo

heroe

simbira dubbattu

kasuku

diibii poolarii

dubu

peengyuunii

penguini

shaarkii

papa

piikookii

tausi

bofa

nyoka

qocaa

mamba

eegaa zoo

mtunza wanyama

chaappaa

muhuri

sanyii qeerensaa

jaguar

farda gabaabduu

mwanafarasi

sanyii qeerrensaa

chui

roobii

kiboko

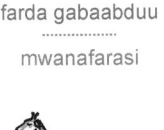

sattaawwaa

twiga

culullee

tai

ifaannaa

nguruwe mwitu

qurxummii

samaki

qocaa galaanaa

kobe

beelada bishaan keessaa

sili

sardiida

mbweha

godaa

paa

kubbaa miilaa ameerikaa
soka ya marekani

dargmmii bishkilileettaa
uendeshaji baiskeli

teenisa
tenisi

kubba kaachoo
mpira wa kikapu

bishaan daakkaa
kuogelea

aboottoo
ndondi

sigigoo cabbie
magongo ya barafuni

kubbaa miilaa
soka

baadmentanii
vinyoya

atileetii
riadha

kubba harkaa
mpira wa mikono

skiing
skii

pooloo
polo

sochii
shughuli

kolfa
cheka
utaalcha
kuruka
hammachuu
kumbatia
deemuu
kutembea
sirbuu
kuimba
abjuu
ota ndoto
kadhannaa
kuomba
dhungoo
busu

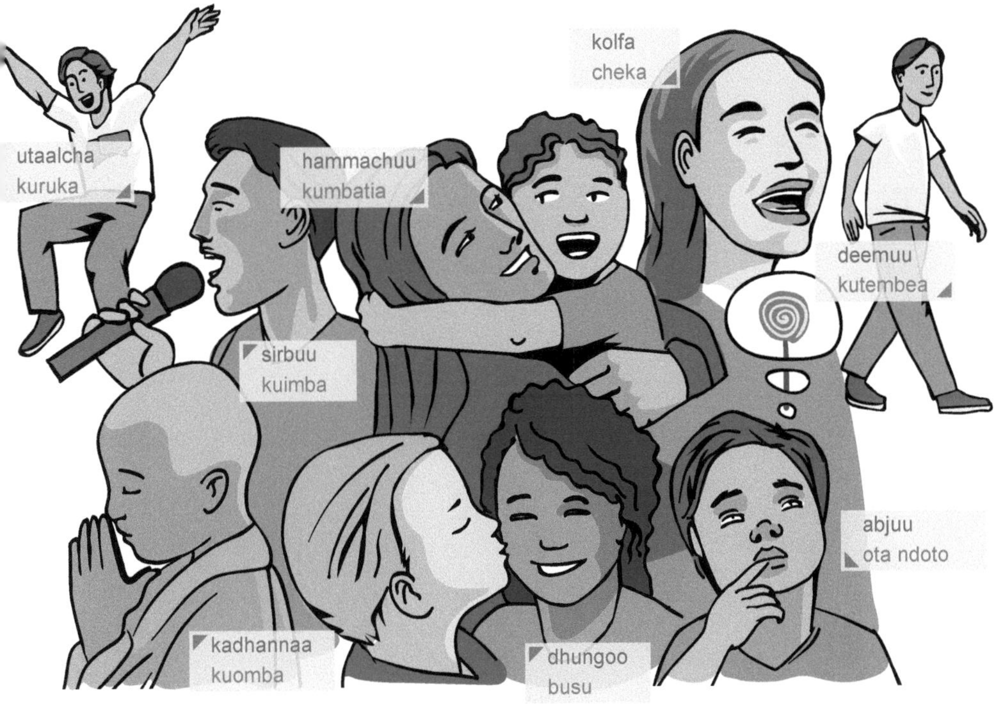

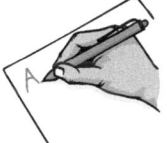

barreessuu
kuandika

fakkii kaasuu
kuteka

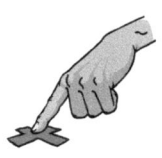

agrsiisuu
angalia

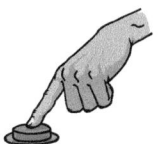

dhiibuu
sukuma

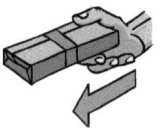

kennuu
kutoa

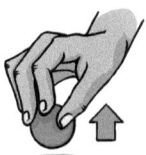

fudhachuu
kuchukua

qabaachuu
kuwa

gochuu
fanya

ta'uu
kuwa

dhaabbachuu
kusimama

kaachuu
kukimbia

harkisuu
vuta

darbachuu
kutupa

kufuu
kuanguka

soba
hadaa

eeguu
kusubiri

baachuus
kubeba

taa'uu
kukaa

uffachuu
vaa nguo

rafuu
usingizi

dammaquu
kuamka

ilaaluu

kuangalia

iyyuu

lia

dhiibbaa dhiigaa

kiharusi

filuu

chana nywele

haasa'uu

ongea

hubachuu

kuelewa

gaafachuu

kuuliza

dhggeeffachuu

kusikiliza

dhuguu

kunywa

nyaachuu

kula

ol kaasuu

nadhifisha

jaalala

upendo

bilcheessuus

mpishi

oofuu

gari

barrisuu

kuruka

sochii - shughuli

65

jabalan
meli

heerregii
kokotoa

dubbisuu
kusoma

baruumsa
kujifunza

hojjechuu
kazi

fuudha
kuoa

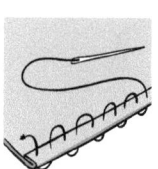

hodhuu
kushona

ilkaan rigachuu
piga mswaki

ajjeecha
kuua

xuuxuu
moshi

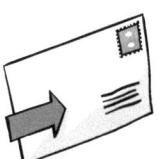

erguu
kutuma

sochii - shughuli

warra
familia

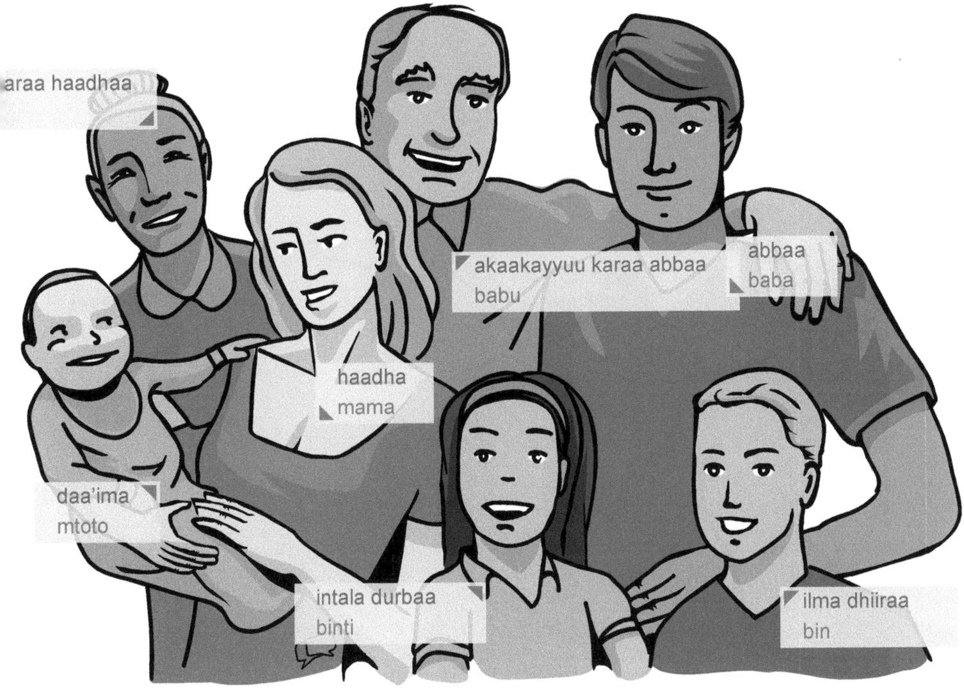

araa haadhaa
akaakayyuu karaa abbaa
babu
abbaa
baba
haadha
mama
daa'ima
mtoto
intala durbaa
binti
ilma dhiiraa
bin

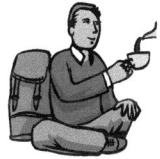

keessummaas
mgeni

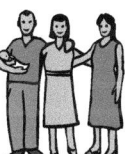

adaadaa
shangazi

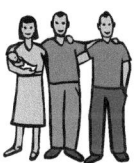

eessuma
mjomba

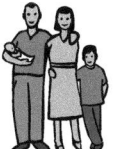

obboleessa
kaka

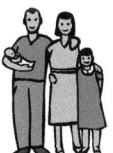

obboleettii
dada

qaama

mwili

adda
paji la uso
ija
jicho
ceekuu
bega
quba
kidole
fuula
uso
igicii
kidevu
harka
mkono
luka
mguu
harma
matiti
irree
mkono

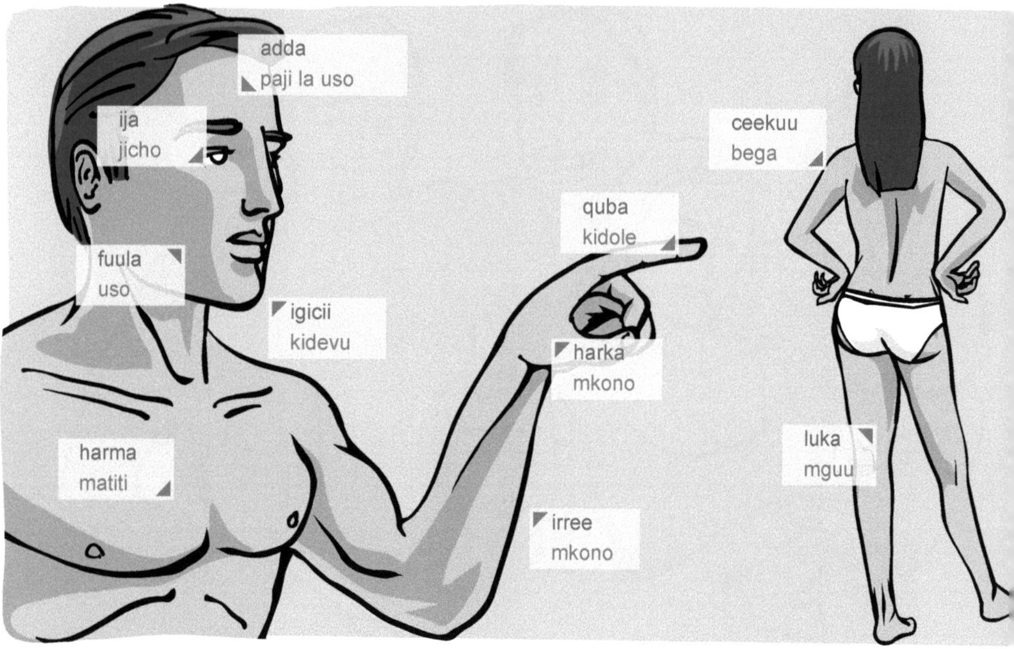

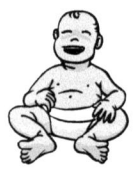

daa'ima

mtoto

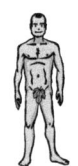

nama

mwanamume

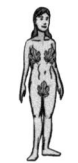

dubartii

mwanamke

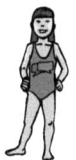

durba

msichana

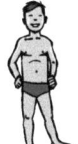

mucaa

mvulana

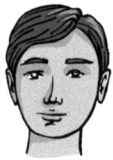

mataa

kichwa

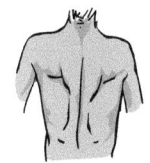

duuba
nyuma

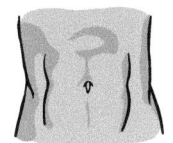

godhami
tumbo

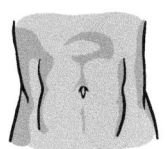

belly button
kitovu

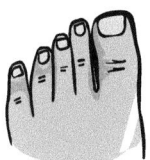

qubq miilaa
chano

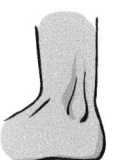

koomee
kisigino

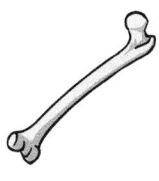

lafee
mfupa

dirra
nyonga

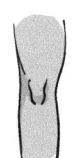

jilba
goti

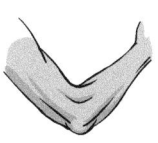

ciqilee
kiwiko

fuunyaan
pua

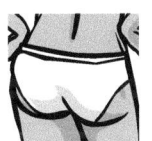

jala
chini

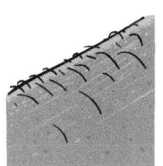

gogaa
ngozi

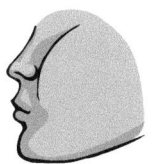

boqoo
shavu

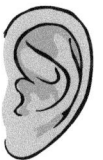

gurra
sikio

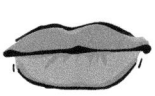

hidhii
mdomo

afaan

kinywa

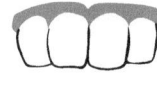

ilkee

jino

arraba

ulimi

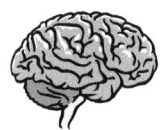

sammuu

ubongo

onnee

moyo

fon irree

misuli

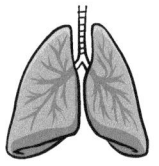

somba

pafu

tiruu

ini

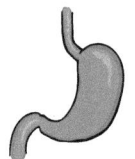

garaacha

tumbo

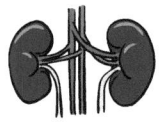

kaleewwan

figo

wal qunnamitii saalaa

jinsia

kondomii

kondomu

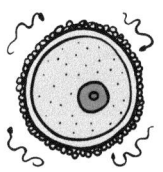

buphaa dubartii

ovari

mi'oo

shahawa

ulfa

mimba

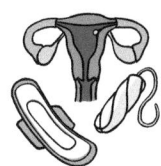

laguu ji'aa
....
hedhi

buqushaa
....
uke

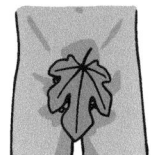

tuffee
....
uume

laboobbaa ijaa
....
unyusi

rifeensa
....
nywele

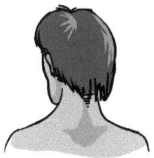

morma
....
shingo

hospitaala
hospitali

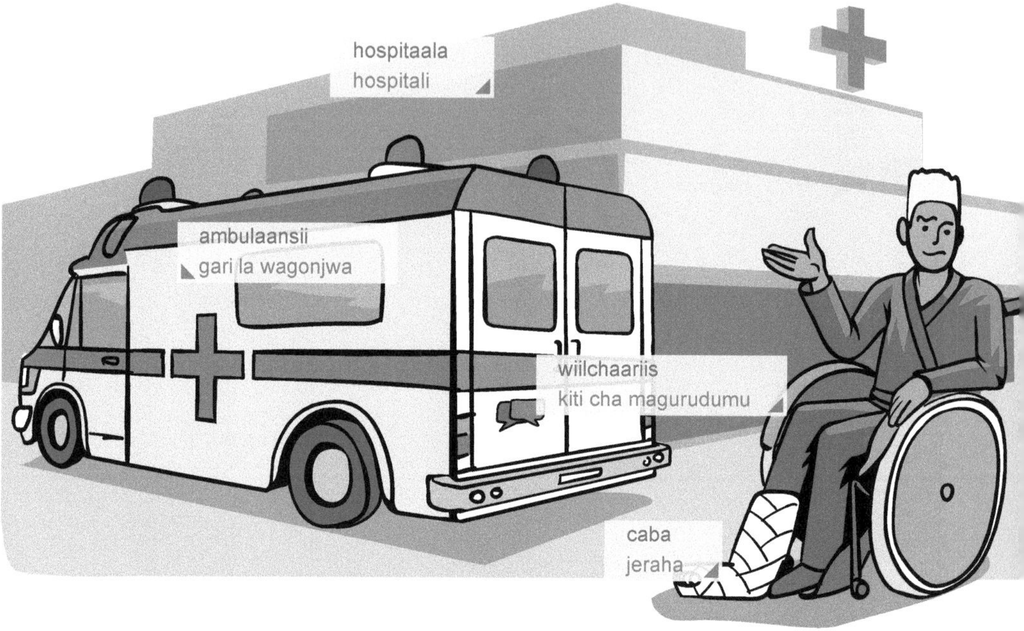

hospitaala
hospitali
ambulaansii
gari la wagonjwa
wiilchaariis
kiti cha magurudumu
caba
jeraha

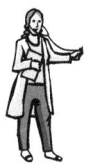

doktora

daktari

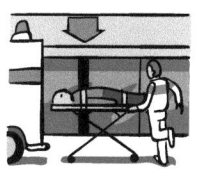

kutaa hatattamaa

chumba cha dharura

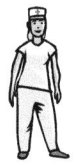

narsii

muuguzi

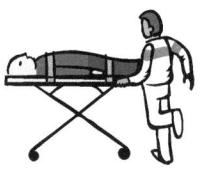

hatattama

dharura

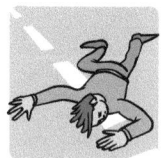

kan hin dammaqin

kupoteza fahamu

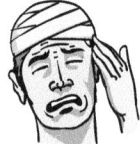

dhukkubbii

maumivu

miidhhaa

kuumia

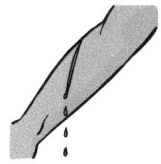

dhiiguu

kutokwa na damu

dhukkuba onnee

mshtuko wa moyo

baay'ina dhiigaa

kiharusi

hooqxoo

mzio

qufaa

kikohozi

oo'aa qaamaa

homa

qufaa

mafua

baasaa

kuharisha

bowoo mataa

maumivu ya kichwa

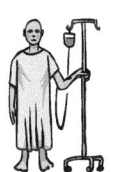

kaansarii

kansa

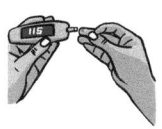

dhibee sukkaaraa

ugonjwa wa kisukari

baqaqsanii hodhuu

daktari mpasuaji

halbee

kisu kidogo cha kupasulia

hojii

operesheni

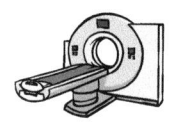

CT

picha changanufu ya mwili

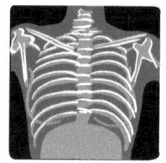

raajii

Eksrei

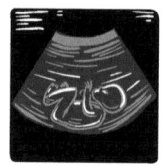

aaltraasaawandii

mawimbi sauti

haguuggii fuuiaa

barakoa ya uso

dhukkuba

ugonjwa

kutaa haar galfii

chumba cha kusubiri

hirkannaa

mkongojo

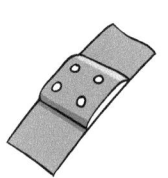

pilaastara

plasta

baandeejii

bendeji

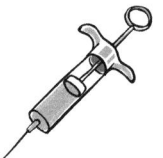

limmoo waraanuu

sindano

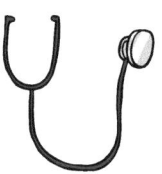

isteetskooppi

stetoskopu

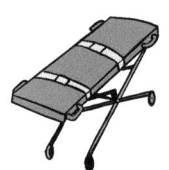

siree dhukkubsataa

machela

termoo meetira klinikaa

kipimajoto cha kliniki

dhaloota

kuzaliwa

ulfaatinaa ol

unene kupita kiasi

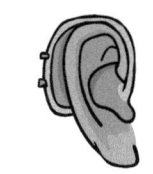

gargaaraa dhageettii

kusikia misaada

qoricha aramaa

kipukusi

miidhama keessaa

maambukizi

vaayirasa

virusi

ECH AAIVII / EEDSII

VVU / UKIMWI

qoricha

dawa

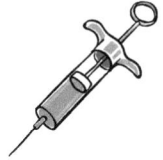

talaallii

chanjo

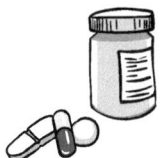

kiniinii

vidonge

kiniinii

kidonge

waamicha hatattamaa

simu ya dharura

too'attuu dhiibbaa dhiigaa

haemodainamometa

dhukkuba / fayyaa

mgonjwa / mwenye afya

gargaarsa!

Msaada!

alaarmiis

kengele

weerara

pigo

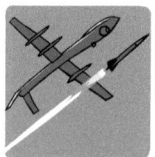

miidhuu

shambulizi

suukaneessaa

hatari

baha hatattamaa

lango la dharura

abidda

Moto!

abidda dhaamisituu

kizima moto

balaa

ajali

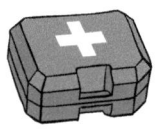

saanduqa gargaasa calqabaa

vifaa vya huduma ya kwanza

Sii'oosii

wito wa msaada

foolisii

polisi

awurooppaa

Ulaya

ameerikaa kabaa

Amerika ya Kaskazini

ameerikaa kibbaa

Amerika ya Kusini

afrikaa

Afrika

eesiyaa

Asia

awustraaliyaa

Australia

atilaantik

Atlantiki

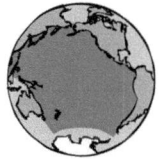

paasfiik

Pasifiki

galaana hindii

Bahari ya Hindi

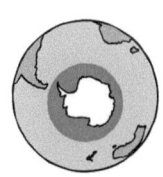

galaana antaartikaa

Bahari ya Antaktiki

galaana arkitiik

Bahari ya Aktiki

polii kaabaa

Ncha ya Kaskazini

polii kibbaa

Ncha ya Kusini

antaartikaa

Antaktika

dachee

dunia

dachee

nchi

garba

bahari

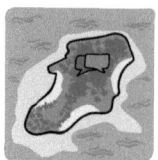

odola

kisiwa

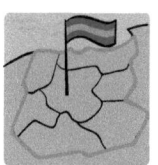

lammii

taifa

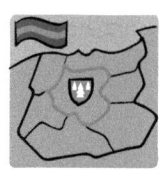

kutt biyyaa

jimbo

clock face

uso wa saa

sa'aatii kana

akrabu ya saa

daqiiqaa kana

akrabu ya dakika

moofaa

akrabu ya sekunde

yeroon meeqa ta'ee?

Ni saa ngapi?

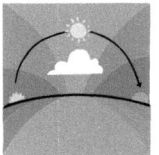

guyyaa

siku

yeroo

wakati

amma

sasa

sa'aatii diiskoo

saa ya dijitali

daqiiqaa

dakika

sa'aatii

saa

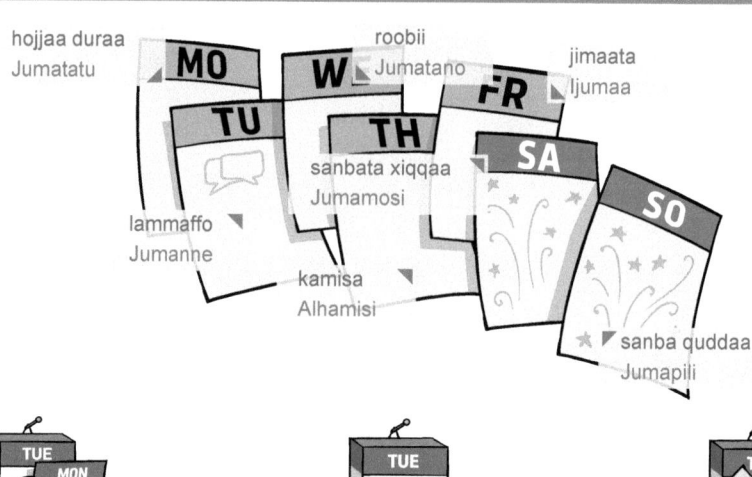

hojjaa duraa
Jumatatu

roobii
Jumatano

jimaata
Ijumaa

sanbata xiqqaa
Jumamosi

lammaffo
Jumanne

kamisa
Alhamisi

sanba quddaa
Jumapili

kaleessa
....
jana

har'a
....
leo

boru
....
kesho

ganama
....
asubuhi

guyyaa qixxee
....
saa sita mchana

galgala
....
jioni

MO	TU	WE	TH	FR	SA	SU
1	2	3	4	5	6	7
8	9	10	11	12	13	14
15	16	17	18	19	20	21
22	23	24	25	26	27	28
29	30	31	1	2	3	4

guyyaa hojii
....
siku za biashara

MO	TU	WE	TH	FR	SA	SU
1	2	3	4	5	6	7
8	9	10	11	12	13	14
15	16	17	18	19	20	21
22	23	24	25	26	27	28
29	30	31	1	2	3	4

dhuma forbee
....
mwishoni mwa wiki

rooba
mvua

sabbata waaqqaa
upinde wa mvua

bubbee
upepo

cabbii
theluji

birraa
majira ya machipuko

bona
kiangazi

arfaasaa
vuli

ganna
majira ya baridi

4. APRIL	11°	☀
5. APRIL	4°	🌧
6. APRIL	13°	☁
7. APRIL	8°	☀
8. APRIL	10°	☀

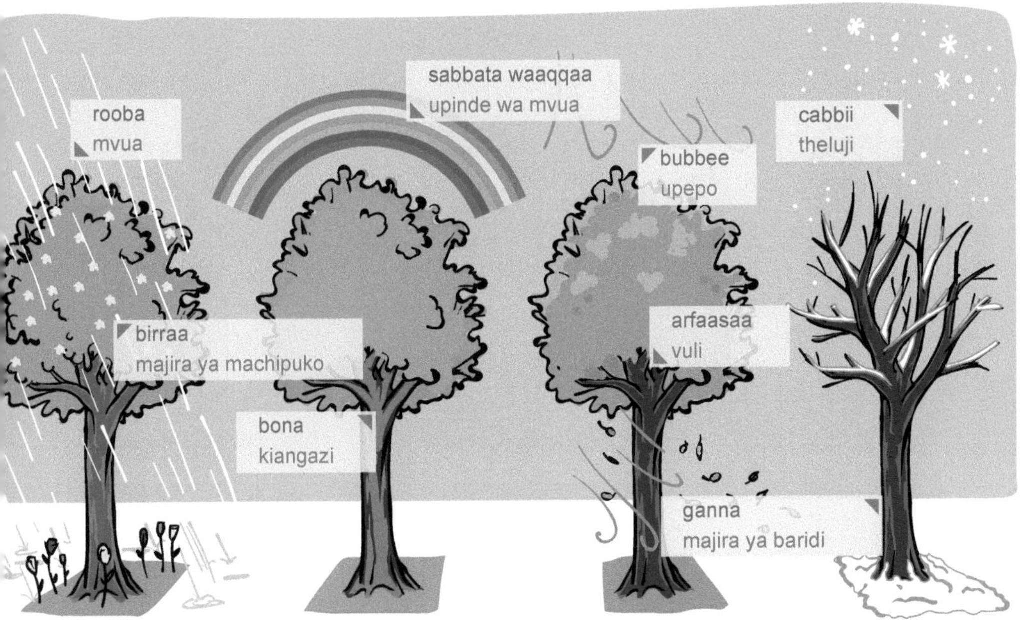

raaga haala qileensaa

utabiri wa hali ya hewa

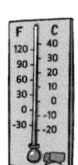

teermoomeetirii

kipimajoto

baha aduu

mwanga wa jua

duumessa

wingu

hurii

ukungu

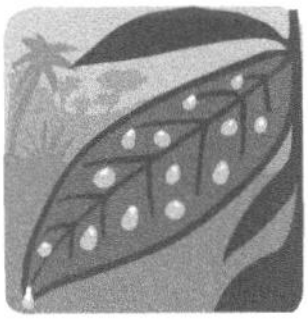

jiidha

unyevu

bakakkaa

umeme

balaqqee

radi

dirrisa

dhoruba

cabbii

mvua ya mawe

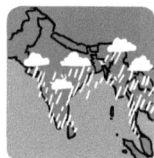

monsoon

monsuni

lolaa

mafuriko

cabbie

barafu

Amajjii

Januari

Gurraandhala

Februari

Bitootessa

Machi

Eebila

Aprili

Caamsaa

Mei

Waxabajji

Juni

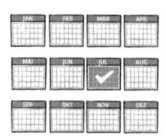

Adooleessa

Julai

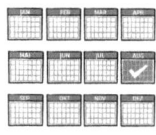

Hagayya

Agosti

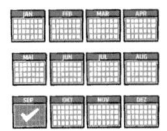

Fulbaana

Septemba

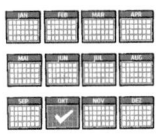

Onkololeessa

Oktoba

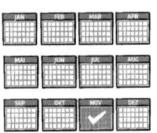

Sadaasa

Novemba

Muddee

Desemba

geengoo

mduara

isqeerii

mraba

rog arfee

mstatili

rg sadee

pembetatu

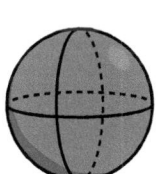

molaalee

nyanja

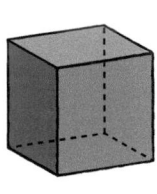

kuubii

mchemraba

adii

nyeupe

boora

manjano

keelloo

chungwa

boorilee

rangi ya waridi

diimaa

nyekundu

bunnii

hudhurungi

cuqliisa

bluu

magariisa

kijani

magaala

hanja

bulee

jivujivu

gurraacha

nyeusi

baay'ee / xiqqoo

mengi / kidogo

aara / gammachuu

hasira / pole

bareeda / fokkuu

nzuri / mbaya

calqaba / xumuura

mwanzo / mwisho

guddaa / xiqqaa

kubwa / ndogo

ifa / dukkana

angavu / giza

obboleessa / obboleettii

kaka / dada

qulqulluu / xurii

safi / chafu

xumuuramaa / kan hin xumuuramin

kamilika / tokamilika

guyyaa / halkan

siku / usiku

du'aa / jiraa

wafu / hai

bal'aa / dhiphaa

pana / nyembamba

kan nyaatamu / kan hin
nyaatamne
....
kulika / kutolika

badd / gaarii
....
ovu / ema

gammachuu / ifannaa
....
sisimkwa / udhika

furdaa / qal'aa
....
nene / nyembamba

calqaba / dhuma
....
kwanza / mwisho

michuu / diina
....
rafiki / adui

guutuu / duwwaa
....
jaa / tupu

sakoruu / lalllaafaa
....
ngumu / laini

ulfaataa / salphaa
....
nzito / nyepesi

beeluu / dheebuu
....
njaa / kiu

dhukkuba / fayyaa
....
mgonjwa / mwenye afya

seer malee / seera
qabeessa
....
haramu / kisheria

gaanfuree / dabeessa
....
akili / kijinga

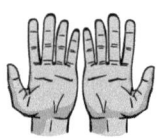

bitaa / mirga
....
kushoto / kulia

maddii / fagoo
....
karibu / mbali

haara'a / moofaa
....
mpya / kutumika

homma / waan tokko
....
kitu / jambo

jaarsa / dargaggeessa
....
zee / changa

ibsuu / dhaamsuu
....
waka / zima

banuu / cufuu
....
wazi / fungwa

callisuu / sagalee olkaasuu
....
utulivu / kelele

sooressa / hiyyeessa
....
tajiri / masikini

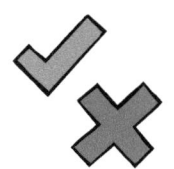

sirrii / dogongora
....
sahihi / kosa

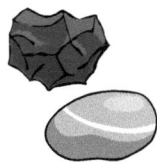

sokorruu / lallaafaa
....
mbaya / laini

aara / gammachuu
....
huzunika / furahia

dheeraa / gabaabaa
....
fupi /ndefu

qususaa / collee
....
polepole / haraka

jiidhaa / goggogaa
....
nyevu / kavu

oo'aa / qorraa
....
joto / baridi

lola / nagaa
....
vita / amani

nambari

0	**1**	**2**
duwwaa	tokko	lama
sufuri	moja	mbili

3	**4**	**5**
sadis	afur	shan
tatu	nne	tano

6	**7**	**8**
jaha	torba	saddeet
sita	saba	nane

9	**10**	**11**
sagal	kudhan	kudha tokko
tisa	kumi	kumi na moja

12

kudha lama

kumi na mbili

13

kudha sadi

kumi na tatu

14

kudha afur

kumi na nne

15

kudha shan

kumi na tano

16

kudha jaha

kumi na sita

17

kudha torba

kumi na saba

18

kudha saddeet

kumi na nane

19

kudha sagal

kumi na tisa

20

diigdama

ishirini

100

dhibba

mia

1.000

kuma

elfu

1.000.000

maliyoona

milioni

Ingiliffa

Kiingereza

Ingiliffa Ameerikaa

Kiingereza cha Marekani

Mandarinii chaayinaa

Kimandarini cha Uchina

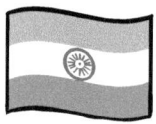

Afaan Hindii

Kihindi

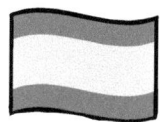

Afaan Speen

Kihispania

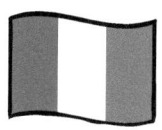

Afaan Faransaay

Kifaransa

Afaan Arabaa

Kiarabu

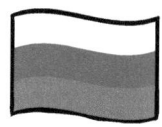

Afaan Raashaa

Kirusi

Afaan Poortugaal

Kireno

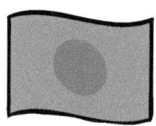

Afaan Beengaal

Kibengali

Afaan Jarman

Kijerumani

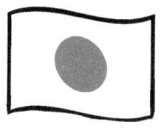

Afaan Jaappaan

Kijapani

ana
mimi

si
wewe

isa / ishii / isa / wantootaf
yeye / yeye / ni

nu'ii
sisi

isin
wewe

isan
wao

eenyuu?
nani?

maal?
nini?

akkamitti
jinsi gani?

eessa?
wapi?

hoom?
lini?

maqaa
jina

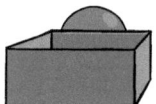

duuba

nyuma

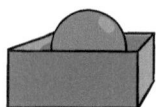

keessa

katika

fuldura

mbele ya

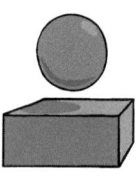

irra

juu ya

gubbaa

kwenye

jala

chini ya

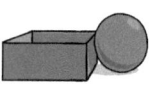

maddii

kando

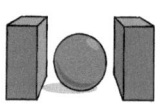

gidduu

kati

bakkee

mahali